XIANDAI DANGAN GUANLI
JIQI XINXIHUA JIANSHE

现代档案管理及其信息化建设

刘云霞　李　丽　刘佳彬 ◎著

中国出版集团

中国民主法制出版社

全国百佳图书
出版单位

图书在版编目（CIP）数据

现代档案管理及其信息化建设 / 刘云霞，李丽，
刘佳彬著. — 北京：中国民主法制出版社，2025.2
ISBN 978-7-5162-3836-3

Ⅰ.G270.7

中国国家版本馆 CIP 数据核字第 20257DN819 号

图书出品人：刘海涛
出 版 统 筹：石　松
责 任 编 辑：刘险涛　吴若楠

书　　　名 / 现代档案管理及其信息化建设
作　　　者 / 刘云霞　李　丽　刘佳彬　著

出版·发行 / 中国民主法制出版社
地址 / 北京市丰台区右安门外玉林里 7 号（100069）
电话 /（010）63055259（总编室）　63058068　63057714（营销中心）
传真 /（010）63055259
http: // www.npcpub.com
E-mail: mzfz@npcpub.com
经销 / 新华书店
开本 / 16 开　787 毫米 × 1092 毫米
印张 / 10.75　**字数** / 243 千字
版本 / 2025 年 2 月第 1 版　　2025 年 2 月第 1 次印刷
印刷 / 山东蓝彩天下教育科技有限公司

书号 / ISBN 978-7-5162-3836-3
定价 / 68.00 元
出版声明 / 版权所有，侵权必究。

前 言

现代档案管理是组织成功和可持续发展的关键组成部分，随着信息化技术的迅猛发展，传统的档案管理已无法满足社会的变革和高效需求，信息技术建设已成为现代档案管理的关键方向。

基于此，本书围绕现代档案管理及其信息化建设展开研究，首先，综述档案发展与管理，内容包括档案的起源与发展认知、档案管理系统解读、档案管理的原则与性质、档案管理的工作内容；其次，解读现代档案管理的创新探索，内容涉及现代档案管理的依据、现代档案管理的实现、现代档案管理的全面革新、现代档案管理的提升策略；再次，论述现代档案信息化建设的发展与优化建设，内容涵盖现代档案信息化的发展阶段、现代档案信息化的意义与原则、现代档案信息化建设成效、现代档案信息化建设的内容与优化建议；然后，探讨现代档案管理工作信息化建设，内容包括现代文书档案管理工作信息化建设、现代人事档案管理工作信息化建设、现代会计档案管理工作信息化建设、现代电子档案管理工作信息化建设；之后，研究现代城市规划档案管理信息化建设，内容涉及现代高校档案管理信息化建设、现代单位档案信息化建设、现代医院档案管理信息化建设、现代企业档案信息化建设；最后，探索现代档案事业的高质量发展，内容涵盖现代档案事业的层次审视、现代档案事业的新时代任务、现代档案事业的中国式发展。

本书结构完整，覆盖范围广泛，层次清晰，在内容布局、逻辑结构、理论创新诸方面都有独到之处。本书可供广大档案管理及其信息化建设相关从业人员、高校师生与知识爱好者阅读使用，具有一定的参考价值。

本书在写作过程中，笔者获得了许多专家和学者的帮助与指导，在此表示衷心的感谢。由于笔者的能力有限，加之时间紧迫，书中可能存在一些遗漏之处，希望读者们能够提供宝贵的意见和建议，以便笔者进行进一步的修订，使其更加完善。

目　录

第一章　档案发展与管理综述 ·· 1

　　第一节　档案的起源与发展认知 ·· 1

　　第二节　档案管理系统解读 ·· 8

　　第三节　档案管理的原则与性质 ·· 11

　　第四节　档案管理的工作内容 ·· 15

第二章　现代档案管理的创新探索 ·· 30

　　第一节　现代档案管理的依据 ·· 30

　　第二节　现代档案管理的实现 ·· 36

　　第三节　现代档案管理的全面革新 ······································ 43

　　第四节　现代档案管理的提升策略 ······································ 44

第三章　现代档案信息化建设的发展与优化建设 ······················ 48

　　第一节　现代档案信息化的发展阶段 ··································· 48

　　第二节　现代档案信息化的意义与原则 ································ 53

　　第三节　现代档案信息化建设成效 ······································ 68

　　第四节　现代档案信息化建设的内容与优化建议 ··················· 69

第四章　现代档案管理工作信息化建设 ····································· 77

　　第一节　现代文书档案管理工作信息化建设 ························· 77

　　第二节　现代人事档案管理工作信息化建设 ························· 82

　　第三节　现代会计档案管理工作信息化建设 ························· 87

　　第四节　现代电子档案管理工作信息化建设 ························· 99

第五章 现代城市规划档案管理信息化建设 ···················· 105

    第一节 现代高校档案管理信息化建设 ·················· 105

    第二节 现代单位档案信息化建设 ······················ 112

    第三节 现代医院档案管理信息化建设 ················· 116

    第四节 现代企业档案信息化建设 ······················ 129

第六章 现代档案事业的高质量发展 ······················· 141

    第一节 现代档案事业的层次审视 ······················ 141

    第二节 现代档案事业的新时代任务 ··················· 144

    第三节 现代档案事业的中国式发展 ··················· 148

参考文献 ··· 164

第一章 档案发展与管理综述

第一节 档案的起源与发展认知

档案，是人类文明的珍贵遗产，它们起源人类的多重需求。这些需求不仅满足了当下的记录、经验积累、传承与传播，还为可持续发展提供坚实的支撑。在档案的宝库中，人类的历史、文化、科学和社会进步的轨迹都得以永恒保存。我们应该珍惜、保护和充分利用这些宝贵的遗产，以确保它们可以永远传承下去，为人类的未来提供更多的启示和帮助。

一、档案的起源与演变

文字未发明前，古人出于记忆的需要，创造了"结绳"和"刻契"来帮助记事。"结绳"是指在绳子上打结，用绳子的大小、位置以及绳子的不同颜色来表达不同的含义。"刻契"，就是在竹片、木片、骨片和玉片上刻上各种形状的标志，以此来表达和记录某种信息。虽然两者有记事备忘功能，具备了档案的某些属性，但从本质上来讲还不是档案，因为它们记录的情况不确定，且难以表达抽象的事物。"结绳"和"刻契"可以说是档案的萌芽。

文字发明后，各种材料作为载体的档案也随着不同时代的需求而变得越加丰富，例如甲骨文档、简牍记录、金石碑铭以及纸质文件的出现，为我们提供了研究历史的第一手材料。

甲骨档案是我国迄今发现的最早的档案。甲骨文是人们公认的我国最早的文字，是清末国子监祭酒王懿荣于1899年发现的。最初发现于河南安阳小屯村的殷墟遗址，这些被刻写在龟甲、兽骨上的文字被称为甲骨文。商代人们，但凡举行狩猎、战争等重大活动前，必要将当时情况刻写在龟甲、兽骨上。这就给我们留下研究商代历史的第一手材料。甲骨文是商朝政治和生活的直接原始记录。在以后的漫长岁月里，甲骨文被人类用以表达、交流、记录，而它也成为档案得以产生的基础。

简牍档案是商代和西周时出现的，以竹片、木片为书写材料，记载当时的社会生产和生活情况。单一的竹片叫"简"，单一的木片叫"牍"，简称木牍。这种书写工具比较笨重。20世纪，我国湖南长沙，湖北江陵、云梦及甘肃敦煌等地先后发现大批秦、汉时期的简牍档案，为研究当时的历史提供宝贵的资料。金石档案是刻写在青铜器、石头上的文字记录材料。

纸质档案的出现是档案发展史上的巨大进步。西汉时期出现了新型的书写材料——纸张，从而改变人类记录历史的形式。纸张的出现、推广为世界文明进步作出重大贡献。在造纸术传到西方之前，古代社会也曾出现了羊皮档案、纸草档案、泥版档案等。

除上述传统类型的档案，到了近现代，随着科学技术的发展，档案载体材料变得丰富多样，出现了音像档案、照片档案、电子档案等新型档案。

二、档案的定义解读

档案，是一个广泛用于各种领域的术语，它具有的多重含义如下：

第一，从历史角度看，档案可以被定义为人类社会活动的反映和见证。档案记录了过去的事件、决策和文化，帮助我们了解历史、传统和进化。历史档案包括政府文书、个人信件、照片、音频记录等，这些材料提供了历史研究者和学者的宝贵资源，使他们能够还原过去的情景和理解人类社会的演变。

第二，从管理角度看，档案可以被定义为组织和保留信息的体系。政府机构、大型企业和学术机构都依赖档案管理系统来管理大量信息和文件。这些系统涵盖了文件的分类、存储、检索和销毁，以确保信息的安全性和可用性。档案管理的目标是保持信息的完整性和可追溯性，以支持组织的运营和合规性。

第三，从法律角度看，档案可以被定义为法律文件的一部分，它们具有法定地位，用于证明权利和义务。法律档案包括合同、遗嘱、法庭文书和知识产权文件等，这些文件对于保护法律权益和解决争端至关重要。档案的保留和保护在法律体系中具有明确的规定，确保文件的合法性和可用性。

第四，从信息科技角度看，档案可以被定义为数字信息的存储和管理。随着信息化时代的到来，电子档案变得日益重要，它们包括电子邮件、数据库、云存储和社交媒体帖子等。数字档案的管理涉及数据存储、备份、安全和隐私保护，以确保信息的可持续性和保密性。

总之，档案是指过去和现在的国家机构、社会组织以及个人从事政治、军事、经济、科学、技术、文化等活动直接形成的对国家和社会有保存价值的各种文字、图表、声像等不同形式的历史记录。

三、档案的发展趋势

（一）档案资源结构合理化发展

积累起来的档案归集经验，正在影响着信息化时代档案资源结构变迁。

第一，形式结构：数字占比持续提升。档案资源的形式结构回答"保存什么样档案"的问题，模拟态、数字态、数据态三类档案资源的占比分配正在发生深刻转变。加强国家档案数字资源规划管理，逐步建立以档案数字资源为主导的档案资源体系。

第二，来源结构：社会化趋向日益显著。档案资源的来源结构回答"应该保存谁的档案"的问题。我国各地档案馆坚守本位之责，致力于从"官方机构"与"社会大众"两个源头看档案收集工作。信息化时代，档案资料来源结构的社会化倾向将愈加显著，横亘在公共档案资源与私人档案资源之间的割裂与断痕渐趋消弭。私人档案资源将以更具正当性、合理性的姿态出现在整体档案资源体系中，且频次数量均与日俱增。加大档案征集力度，健全档案价值鉴定和评估机制，鼓励社会和个人向国家档案馆捐赠档案，这为档案资料来源结构革新提供充分的制度保障。

（二）档案利用工作灵活化发展

档案利用工作作为社会公共服务的重要组成部分，在信息化时代将积极探索创新服务之路，以勇于开拓、与时俱进的姿态做好档案服务工作。

1. 服务理念将充分体现人文关怀

信息化时代档案机构在开展档案服务过程中将更加注重人文关怀，拉近官方与群众之间距离是大势所趋、民心所向，更是践行"以人民为中心"的表现。

（1）将继续提供"均等化、无差别"服务。信息化时代，档案机构将在更成熟、更充分的条件下，更加关注弱势群体（如"无智能机群体"），提供"均等化、无差别"服务，使办理档案业务不再是难题，档案服务覆盖全体，逐步弥合区域、城乡及不同社会阶层之间档案公共服务的差距。

（2）将更为注重档案文化服务。满足人民群众的档案信息和档案文化需求，将档案文化需求与档案信息需求置于同等重要的地位，是档案服务突出人文关怀理念的重要体现。数字思维将深刻嵌入档案服务之中，这既是档案工作顺应数字时代发展的应然之举，也是信息化时代满足社会公众需求、推动公共文化服务发展的重要趋势。

2. 服务方式将由线上服务转向融合服务

信息化时代线上服务转向融合服务，线上服务和线下服务有机融合，阵地服务和远程服务相互补充，将助力档案服务高质量发展。

（1）线上服务突出"精""简"，提升群众办事的便捷度。档案利用工作方式和档案公众教育模式朝着便捷化、虚拟化方向发展。尽管信息化时代的线下活动逐渐恢复，但并不会因此而弱化线上服务，而将积极总结已有经验。未来，档案部门将进一步梳理线上服务思路和服务方法，明确线上服务方向、转变传统服务形式、适应社会发展趋势，发展"互联网+档案服务"新模式，提升档案利用工作效率。

（2）线下服务突出"全面""专业"，加强官方与公众的情感联系。线下服务比较注重效率和目标，信息化时代，档案机构将再次以线下服务更好地把握服务对象需求。面对面地与服务对象交流能更加直观地得到服务反馈，也能与服务对象之间形成更加密切的专业关系，在一定程度上减少服务对象的流失。因此，未来的趋势仍然是以线下服务为主，线上服务为辅，注重线上服务与线下服务的相辅相成和主次关系的相互转换，利用线上服务辅助线下服务推进，同时利用线下服务进行线上服务的宣传与推广，充分发挥线上服务与线下服务的相互作用，实现服务成效、服务影响力的最大化。

（三）档案重点领域专门化发展

信息化时代档案工作趋于精细化发展，重点领域档案工作专门化管理突出。

1. 医疗健康档案监管将更加规范

医疗健康档案是指临床医学诊疗工作过程中形成的，真实、完整记录病人病情变化的原始记录性数据。它既是健康信息技术的核心内容，也是医疗健康信息化的基础。

（1）医疗健康档案生命周期的监管。当前医疗健康档案的创建和保存管理具有电子文件管理的一般性特征，因此可参考电子文件生命周期理论、开放档案信息系统模型功能模块、数字管护生命周期模型流程，来进行周期性监管。按照医疗健康档案的数据创建、数据获取、数据管理、数据保存和数据利用五个阶段，进行医疗健康关键数据的捕获和保存，特别是对过程性元数据进行监管，避免产生人为因素的丢失和篡改。

（2）医疗健康档案开放共享的监管。当前，我国医疗卫生机构的电子档案建设工作取得突破性成果，不少省市地区实现了跨机构系统平台、跨部门健康服务的档案数据共建共享。要发挥医疗健康电子档案突破时空限制的优势，需要进一步加强对其开放共享的监管，以期实现档案数据在疾病防控、监测分析、病毒溯源、物资调配等方面的重要作用。

（3）医疗机构和企业的专门档案监管。近年来各国为此展开专门档案监管，并获得一系列法律规定的支撑。档案监管的内容包括：患者的病史、诊断、用药、治疗计划、免疫日期、过敏、放射图像以及实验室和测试结果数据。

2. 个人信息保护将愈发受到关注

随着人类社会逐步进入数字时代，个人信息权益保护面临着诸多难题。信息化时代档案领域个人信息保护既是潜在的研究方向，也是一门交叉性较强的实践学问，因为它涉及数字技术应用、法律规范约束、档案利用工作等多个方面。个人信息保护问题将是未来档案法治关注的重点内容之一，无论是综合档案馆还是私人档案组织，都或多或少涉及个人隐私的问题，类似被遗忘权、数字记忆权都将是档案领域不可回避的话题，它们将会给档案馆的社会定位和业务流程带来影响。

3. 档案部门参与全球气候保护

气候变化已经影响到档案工作的开展，未来将需要新的战略来支持档案的整理和保存。实际上，海量档案资料中涵盖着过往的丰富知识，有益于当下应对全球变暖问题。同样面对全球气候变化窘境，我国提出"碳中和、碳达峰"目标，力争2030年前实现碳达峰、2060年前实现碳中和。为响应国家战略，我国档案领域逐步探索"档案+绿色低碳"之路，体现出档案部门应对环境问题的决心。

（四）档案法治建设成熟化发展

推进全面依法治国基本方略的提出和确立，为档案部门今后的工作指明了方向：由业务指导为主向依法监管为主转变，全力推进档案法治化建设。面对信息化时代前所未有的风险挑战，档案部门将更加重视档案法治建设。

1. 优化整体结构，加强协调衔接

（1）将持续优化档案法规标准体系。我国针对"专门立法缺位、内容陈旧滞后、可操作性较弱"等问题出台配套法规，重点推进电子档案、科研档案、医疗健康档案、风险防控档案等领域的法规标准供给，从而完善档案法规标准体系。

（2）将逐步加强档案法规制度的内外协调衔接。针对现存窘境，信息化时代的档案法治建设将重点修订部分内容冲突、配合失调的档案法规标准。加强档案法规标准之间及与现行法律法规的协调衔接是必然趋势。

2. 坚持问题导向，推进立改废释

（1）坚持问题导向，将围绕现实问题出台相关法规标准。档案主管部门应结合当前档案管理痛点难点，统筹推进档案法规标准建设。建立健全突发事件档案管理法规标准是关键所在。档案部门将以主人翁的姿态和担当，来建立健全基于"事前、事中、事后"的全流程管理办法，并根据法规适用场景和实施要求，有针对性地提高档案法规完整性和可操作性。

（2）推进修订废止，将加强新颁布法规标准的释义力度。为尽快改变此局面，档案主管部门也将尽快清理、整合现行档案法规，出台档案法规标准复审和修改周期制度，着力推进档案法规标准的更新迭代。此外，档案主管部门应加大对新发布档案法规标准的解释力度，切实保障档案法规标准的实践应用。

3. 强化应用推广，评估实施效果

（1）加强档案法规标准的宣传推广以强化应用。严格档案执法、强化普法、加强宣传是未来档案法治的重点工作之一。信息化时代档案部门将加强档案法规标准的宣传推广以强化应用，提升全社会的档案意识；充分利用新媒体、会议、论坛等多种形式，开展档案法规标准的宣传、解读、培训等工作；对应用类法规标准配备实施指南，增强档案法规标准的执行力度；及时总结和梳理宣贯优秀工作经验，并将其作为常态化工作。

（2）将稳步实施效果评估方案以掌握实施情况。抓好规划的落地实施，通过开展评估及时了解规划实施情况，掌握各项任务实施进度，后程发力推动档案事业高质量发展，是当前和今后一段时间全国各地档案部门的重要任务。此外，针对档案法规标准，也将更加重视设计事后总结机制，对新出台档案法规标准的实施效果进行调研分析，为后续修订完善提供现实依据。

（五）档案国际交流合作常态化发展

全球档案治理是指在全球化背景下，各国家、地区、组织机构间多元协同合作以促进国际档案事业发展和国际档案问题解决的一系列活动。信息化时代随着我国相关政策的调整，档案国际化工作将重回正轨、再攀新高。

1. 立足国际组织的全球档案治理逐渐深化

信息化时代我国应从以下方面着手，进一步深化在全球档案治理中的参与程度与贡献力度。

（1）持续跟进世界记忆项目。我国在深度研习相关国际规则的基础上与世界记忆项目秘书处、国际咨询委员会展开合作，鼓励相关人员积极任职，并充分发挥世界记忆项目澳门、北京、福建、苏州四大学术中心的桥梁作用，将提升国际档案文献遗产领域"中国话语"的可见度与影响力。

（2）积极融入国际档案领域对话交流。在全球档案治理欣欣向荣之势愈加凸显的背景下，届时我国档案界同仁将亲赴会场与世界各国人员共襄盛举、共绘蓝图。未来，国际合作组织举办的各类活动中将有越来越多的"中国身影"与"中国声音"。

（3）广泛参与国际标准制修订工作。积极参与档案国际标准制定修订，推动中国标准走向国际。随着相关政策的调整，国家档案局、科研院所等相关机构的人员派出将更为灵活，参与国际标准制修订工作的客观条件亦更为便捷。

2. 基于双/多边关系的国际档案合作持续拓宽

在"构建人类命运共同体"理念的指引下，我国档案界将自觉站在"国之大者"的高度，以主办会议、开展项目、签署合作备忘录等方式主动搭建全球治理平台，由"参与者"逐步转向"引导者"，提升在国际档案领域的话语权与影响力。

（1）中外人文交流机制下的国际档案合作将日渐增多。当前，我国将中外人文交流定位为大国外交的三大支柱之一，且已建立中俄、中美、中英、中欧、中法、中印尼、中南非、中德、中印、中日等十大高级别人文交流机制。随着信息化时代的全面放开，各领域的国际合作将迎来复苏新高潮。借此契机拓宽现有中外人文交流机制的着力点，探索国际档案合作的各种可能性与可行性必定是大势所趋。

（2）"一带一路"倡议下的国际档案合作将日渐深入。国际档案合作在此背景下崭露头角，促进参与国家间的文化交流与了解，通过共享历史文书等，各国可增进互信和友好关系，推动文化多样性的保护和传承。此外，档案合作在基础设施和经济合作方面也发挥关键作用，有助于记录、管理和共享重要项目信息，提高项目效率，降低风险。

3. 凸显中国特色的档案传播内容日益丰富

坚守中华文化立场，提炼展示中华文明的精神标识和文化精髓，加快构建中国话语和中国叙事体系，讲好中国故事、传播好中国声音，展现可信、可爱、可敬的中国形象。档案中蕴藏着中华文明的演进轨迹与深刻内涵，"讲好中国故事、传播好中国声音"的诸多生动素材必将由此而来。

总之，"档案，是人类记忆的保障，对人类社会和国家的发展有着重要的参考价值。"[1] 档案的发展认知反映人类社会的进步和信息管理的演变，从古代的刻石碑到信息化时代的电子记录，都体现人们对信息的保存和访问的不断追求和创新。

---

①赵雪冰. 浅析档案管理的发展及档案现行保护标准现状［J］. 侨园，2019，（11）：189-190.

第二节 档案管理系统解读

一、档案管理系统的地位与性质

档案管理系统是一种职能系统，它的组成部分包括人、档案、设备等。档案管理系统的存在原因是人们对社会中源源不断产生的档案信息有管理需求和调用需求。由于人类的介入，使得档案管理系统凝结了人类对于社会事务的洞察与智慧，使系统同外界产生密切的联系，包括物质、能量和信息。档案管理系统的核心内容来自社会，在对核心内容进行科学的加工后又将其反馈给社会，为社会发展提供能量。因此，档案管理系统是一个与社会关系密切的开放系统，既与社会相互支撑，又与社会相互制约。

第一，国家档案工作系统包含着一系列子系统，包括档案管理系统、档案事业行政管理系统以及档案教育系统等。其中，档案管理系统是最基本的一个子系统，其他子系统都是以它为基础而存在的。因此，档案管理系统在国家档案工作系统中有着重要的地位。

第二，社会信息系统可以分为情报子系统、图书子系统以及档案管理子系统等子系统，这些子系统会通过不同的方式将信息传递给社会。在社会的总信息中，档案是极其重要的一个方面，因为所有的信息都是从档案中获取的。因此，档案管理系统在社会信息系统中具有十分重要的地位。

第三，社会各项工作系统包括社会管理系统、社会生产系统以及社会科研系统等。这些系统同档案管理系统之间是相辅相成的关系，档案管理系统从中而生，同时又反过来为这些系统服务。由此可见，档案管理系统和社会各项工作系统密不可分。

总之，档案管理系统具有多重性与边界性的特征，并且具有重要的地位，对人们社会生活的多个方面都有极其深远的影响。

二、档案管理系统的功能

（一）输入功能

在档案管理系统中，输入是最基础的环节。档案信息输入的本质是从社会中收集或接收档案，通过鉴定和筛选工作对档案进行评级，确定其信息质量。

第一，档案管理系统的输入功能可以接受多种不同格式的信息和文件。这包括文本文档、电子表格、图片、音频和视频文件等。用户可以通过拖放文件、复制粘贴文本或使用系统提供的上传按钮来添加这些文件。这种多样性的输入选项使得系统能够容纳不同类型的档案，无论是文字文件、照片、录音还是其他多媒体内容，都可以轻松地纳入档案库中。

第二，档案管理系统的输入功能通常允许用户添加有关文件的元数据。元数据是描述档案内容和属性的关键信息，包括标题、作者、创建日期、关键字、文件大小等。通过添加元数据，用户能够更轻松地搜索和筛选档案，提高系统的可检索性。此外，元数据还有助于跟踪档案的版本历史和维护文件的完整性。

第三，输入功能是权限控制。档案管理系统通常允许管理员或文件所有者定义谁可以添加、编辑或删除文件。这确保了敏感信息的安全性，只有授权人员才能进行修改和删除操作。权限控制也可以帮助组织确保合规性，符合法规和政策要求。

第四，档案管理系统的输入功能还可以跟踪文件的更改历史。每次文件被修改、添加或删除时，系统会记录下这些操作的时间戳、用户信息和具体操作内容。这有助于审计和跟踪文件的变更，以便确定谁对文件进行了修改并在需要时进行恢复。

总之，在搭建档案管理系统时，要考虑如何使档案信息源源不断地输入，从而使档案管理系统得到补充，并保持更新的状态。

（二）输出功能

输出档案信息是档案管理系统的核心功能之一，档案信息输出是指将档案管理系统中由社会集中输入的、经过系统化处理的档案信息再传输给社会，为人们在社会中开展各种活动或进行决策提供信息支持。

档案信息输出的实现方式可以分为多种：①根据提供的档案材料进行分类，包括原件借阅、提供复制品和档案情报资料；②根据服务性质分类，包括为科学研究服务、为解决实践问题服务和为普及型教育服务；③根据档案信息的传输方式分类，包括被动传输（又可分为阅览服务和检索咨询服务）、主动传输（又可分为编研服务、预测服务、档案宣传辅导服务等）。

（三）存储功能

随着人们对档案的重视程度越来越高，需要存储的档案数量越来越大。因此，提供一个安全的、集中化的位置来存储各种类型的信息和文件，是至关重要的。这种集中化存储有助于组织更好地管理其信息资源，避免文件分散存放、丢失或遗忘的问题。此外，这也提高文件的可访问性，用户可以随时随地通过网络访问他们需要的文件，而无须受限于物理位置。

随着存储容量的不断增加，档案管理系统还提供扩展性。用户可以根据需要存储大量的文件，而无须担心容量限制。这种扩展性对于大型组织和文件密集型项目尤为重要。另外，一些系统还支持云存储，使用户能够将档案存储在云端服务器上，从而降低本地存储的需求，提高灵活性。

备份和恢复功能，也是存储功能的一部分。档案管理系统通常提供了定期备份文件的选项，以确保数据的安全性。如果文件丢失或损坏，用户可以轻松地从备份中恢复文件，减轻了潜在的数据丢失风险。

在存储功能中，数据安全性也是一个非常重要的方面。档案管理系统通常提供了访问控制功能，以确保只有经过授权的用户能够查看、编辑或删除文件。这种权限控制有助于保护敏感信息免受未经授权的访问和修改。

此外，档案的存储功能还包括版本控制。系统通常记录文件的更改历史，以便用户可以查看和还原以前的版本。这对于跟踪文件的修改、维护文件的完整性和支持合规性非常有用。

（四）处理功能

为了满足长久利用的要求，档案管理系统输入的档案信息必须按照特定的、标准的形式存储。通过设计档案信息的排列方式和组合方式，可以将经过集中的档案信息提供给有需要的用户，使他们获得高效、准确的服务。为此，应当对档案信息进行处理，采取实体控制和智能控制。前者是对存储于原始载体的档案信息的组织，后者是对超出原始载体限制的档案信息的组织。

在任意一个文献科学领域，对存储信息进行实体控制和智能控制是十分常见的，但档案管理系统具有十分突出的特点。在一般的文献信息系统中，信息实体的排列方式和信息内容的组织方式具有一致化的特征；在档案管理系统中，实体控制和智能控制处于分离状态，档案信息内容的组织形态不受档案实体排列方式的桎梏，可以采取多种形态。

（五）反馈功能

完善的反馈功能是档案管理系统平稳、健康运行的基础，它能够将档案管理系统运行中出现的消极因素消除，对出现的偏差进行修正，使整个档案管理系统的运行处于良好的状况。用户研究与统计研究是档案管理系统反馈功能的两个组成部分。用户研究是通过研究用户的特质和需求，使档案管理系统所能提供的服务更贴合用户的需求，赢得用户的满意；统计研究是对档案管理活动中出现的操作行为进行统计，分析其中的状态、过程以及各个环节，总结出一个概括性的现象，然后针对这个现象对档案管理系统进行改进，优化系统结构，制定科学合理的发展策略。

三、档案管理系统的组成

第一，馆藏建设分系统。馆藏建设分系统，其基本功能是输入功能。这个分系统又包含三个子系统，分别是超前控制子系统、入口控制子系统以及滞后控制子系统。

第二，档案信息处理分系统。档案信息处理分系统的基本功能是处理功能和存储功能。

第三，档案信息服务分系统。档案信息服务分系统的基本功能是输出功能。这个分系统下又包含三个子系统，分别是阅览服务子系统、咨询服务子系统以及编研服务子系统。

第四，反馈分系统。反馈分系统的基本功能是对档案管理系统进行控制。这个分系统下又包含三个子系统，分别为用户研究子系统、统计研究子系统以及操作人员随机反馈子系统。

第五，控制中心。控制中心的组成部分包括部门的领导、部门的决策者以及部门的管理人员。这个控制中心存在的意义是保证档案管理系统能够正常运行，任何一个档案管理系统都不能缺少控制中心。

第三节　档案管理的原则与性质

一、档案管理的原则

档案管理工作坚持统一领导、分级管理的原则，维护档案的完整与安全，便于社会各方面的利用。我国用国家法律的形式确定我国档案管理工作的基本原则。事实上，这一基本原则是在长期的档案管理工作实践过程中逐步形成和确定下来的。我国档案管理工作原则的内容由以下三个互相联系的有机组成部分构成：

（一）统一领导，分级管理

统一领导、分级集中地管理国家全部档案，这是我国档案管理工作的组织原则和管理体制。它是多年来行之有效的档案管理工作"集中统一管理"原则的延续和发展。

档案管理工作统一领导是指各级人民政府统一领导档案管理工作，国家档案管理工作由国务院直接领导，地方档案管理工作由地方各级人民政府统一领导。

统一管理是指国家档案行政管理机关主管全国档案管理工作，对全国档案管理工作进行全面规划和统筹安排，制定统一的档案法规、方针政策和业务标准，进行统一的监督、指导和检查。

分级管理是指全国档案管理工作由各级档案行政管理机关分层负责管理。各地方档案行政管理机关应按照国家有关档案管理工作的统一要求和规定，结合本地情况，制定本行政区域内的档案管理工作规划、制度、标准、办法等，对本行政区域内的档案管理工作进行指导、监督和检查。

分专业管理是指中央各专业主管机关在国家档案行政管理机关的指导下，针对本专业系统的特点制定本专业系统档案管理工作规划、制度和办法，并对本系统的档案管理工作进行指导、监督和检查，保证国家有关档案管理工作的方针政策在本专业系统得到贯彻执行。

实行党、政档案和党、政档案管理工作统一管理，是我国档案管理工作管理体制区别于世界其他国家的特点之一。我国党、政档案及党、政档案管理工作统一管理的具体内容是：一个单位的党、政、工、团档案由该单位档案室统一管理；各级党、政机关形成的具有长久保存价值的档案由中央档案馆和地方综合性档案馆统一管理；党的系统、政府系统的档案管理工作，由档案事业管理机关统一进行指导、监督和检查。

（二）维护档案的完整与安全

维护档案完整与安全，是档案管理的基本要求。只有维护档案的完整与安全，才能维护党和国家的历史面貌，才能保证对档案的有效利用。

1. 维护档案的完整

维护档案的完整包括档案材料收集齐全和整理系统两方面。

（1）收集齐全。收集齐全是指凡是有保存价值的档案，都要求尽量收集齐全、不残缺，能反映出一个单位、一个系统、一个地区和整个国家社会活动的历史面貌。

（2）整理系统。整理系统是指凡是有保存价值的档案，必须按照它们的形成规律系统地整理，维护档案之间的有机联系，不能人为地割裂分散或凌乱堆放，要能全面、系统地反映出一个单位、一个系统、一个地区和整个国家从事社会活动的过程和本来面貌。

2. 维护档案的安全

维护档案的安全有两方面的含义：一方面是档案实体的安全，另一方面是档案内容的安全。维护档案实体的安全，就是在档案管理过程中要求尽力改善档案保管条件，采用科学的防护措施，使档案不受损坏，尽量延长档案的寿命。维护档案内容的安全，是指确保档案在政治上、信息上的安全，要求对机密档案和需要控制使用的档案实行严格管理，确保机密档案不丢失、不泄密、不超范围扩散。

维护档案的完整与安全，是对整个档案管理工作的要求。从一定的意义上来说，整个档案管理都是在进行维护档案的完整与安全工作。维护档案的完整与安全不仅是档案保管工作的主要任务，也是档案收集、统计工作的重要任务之一，而档案整理和鉴定工作也直接有利于维护档案的完整与安全，就是档案的利用工作也必须在保证档案完整与安全的条件下进行。由此可见，维护档案的完整与安全是在档案管理工作中贯穿始终的一种要求。档案管理工作的一切管理原则、规章制度乃至具体的技术处理工作，都必须贯彻这个要求。

（三）便于社会各方面利用

档案管理工作的核心是档案，自然也要以档案的这一性质为工作核心。可以说，档案管理工作都是以此为目的展开工作，并始终将这一思想贯穿在整个工作过程之中。

档案管理工作者只有牢记档案管理工作的根本目的，明确衡量档案管理工作成效的主要标准，才能较为妥善地处理档案管理工作内外关系中的各种矛盾，把档案管理工作做得更好。在档案管理工作基本原则中，统一领导、分级管理是核心，没有统一领导、分级管理的组织保证就不会有档案的完整与安全，也就很难实现便于社会各方面利用的目的；维护档案的完整与安全是手段，便于社会各方面利用档案是目的，前者为后者提供保证和物质基础，而后者是前者的目的和方向。

总之，我国档案管理工作的基本原则是一个辩证统一的有机整体，具有丰富的思想内容。它作为所有档案管理工作的最基本的原则，影响和决定着档案管理工作各个环节的一切具体原则和方法。在档案管理工作中必须始终遵循这个基本原则，才能使档案管理工作正常地进行、健康地发展。

二、档案管理的性质

档案管理工作是一项很重要的专门事业，是实现社会主义现代化建设、开展历史研究、进行各项工作的必要条件。做好档案管理工作不仅是当前工作的需要，而且是维护党和国家历史真实面貌的重大事业。

（一）政治性

档案管理系统不仅仅是记录和存储信息的工具，更是体现一个国家、一个组织在特定历史时期的政治路线的直接反映。因此，政治性是档案管理系统的基本性质之一。档案管理系统的政治性主要体现在以下方面：

第一，档案管理系统的建立和运行受到国家法律和政策的制约。各个国家都会通过立法来规定档案管理系统的基本运作方式，包括档案的收集、整理、保存和利用等。同时，档案管理系统的运行还必须符合国家的发展战略和政策目标，例如国家安全、经济发展、文化传承等方面。

第二，档案管理系统的政治性还体现在其维护了国家政治权力的运行。档案是历史的见证，而历史本身就是政治的一部分。档案管理系统收集、保存的档案信息中往往涉及国家政治权力运行的情况，包括政治决策、政治协商、政治事件等。这些信息的保存和利用，直接关系到国家政治权力的正常运作和社会的稳定。

第三，档案管理系统的政治性也体现在其对历史真相的维护上。档案不仅是政治历史事件的记录，更是社会发展的见证。档案管理系统的建立和运行，保障历史真相的传承和维护，使人们能够更好地了解历史、认识自我，进而促进社会的和谐与进步。

总之，档案管理系统的政治性是其基本性质之一，它直接受到国家法律和政策的制约，同时也维护了国家政治权力的运行，对历史真相的传承和维护也有着不可替代的作用。在建设和发展档案管理系统的过程中，我们必须充分认识到这一性质，以更好地发挥档案管理系统的作用。

（二）服务性

从档案管理工作同其他工作的关系来看，它属于一项服务性的工作。档案部门日常对档案的研究、编著，都是为了使社会各方面在使用档案的时候能够更加便捷、方便、全面、准确，保证党和国家在开展各项工作时有充足的资料。以上种种也足以表明档案管理工作有着举足轻重的社会地位，它将社会主义各项事业有机地、有序地联系在一起，并为党和社会各项事业提供保障、参谋和服务，是一项完全的后勤性质的服务工作。

档案管理工作的服务性，是档案管理工作赖以存在和发展的基本因素。回望历史发展过程，无论在哪个历史阶段，档案都是在为政治、经济、文化服务。这些既是档案的服务对象，也是其得以发展的依赖，否则档案就没有存在的必要和基础。如今，我国进入新的社会发展时期，国家和社会各方面都开始越来越重视档案管理工作。这是因为各行各业对档案的需求越来越大，其发展有赖于档案的帮助，档案的服务作用得以更充分地发挥。

（三）管理性与科学性

从档案管理工作自身来说，它属于一种管理性的、科学性的工作。它又以专门的工作内容及其特点区别于其他管理工作。

就总的档案管理工作来看，它是一项专门业务。档案管理工作不生产物质财富，也不直接从事国家管理、进行决策及其他专业活动。档案管理工作是专门负责管理各部门形成的历史文件的一个独立的专业，属于国家科学文化事业的组成部分。我们可以看到，对档案的管理是必须采取一套行之有效的、科学的、规范的管理方法，使其处于有机整体之中；对其甄别、筛选、归纳都有据可依、有迹可循，使其满足社会各方面的利用需求。总之，档案管理离不开科学的考证、系统的整理，具有极强的科学性。

从特定的部门、一定单位的档案管理工作来看，它又是某种管理工作的组成部分。就档案的保存和流传利用程序而言，可以分作档案室阶段和档案馆阶段。档案室保存的档案是本单位进行职能活动的历史记录。在档案室保存阶段中，由于日常工作经常查考档案，所以档案参与单位管理活动。因此，档案室工作也就是相应的工作活动的内容之一。在不同的机关，不同档案的管理属于不同工作的管理范围，如会计档案管理工作和干部档案管理工作，分别为财务管理和干部管理工作的一部分；科技档案管理工作，则是生产管理、技术管理、科研管理的重要组成部分。

鉴于档案管理是一项科学性的工作，因此档案管理工作人员必须具有相关的科学知识。一方面，一个档案管理工作人员必须具有档案学相关知识，尤其是要熟练掌握档案管理的理论、方法与技巧，这是一个专业的档案管理工作人员必须具有的专业基本功。同时，也要学习和掌握有关的（起码与所藏档案相关的）历史知识和部门专业知识，特别要具备识别、研究和系统地管理档案的能力。另一方面，也要学习和掌握与档案管理有关的一般科学文化知识，特别要具备应用于档案管理的各种方法和管理手段所需要的基础知识。档案管理工作人员要积极地、逐步地学习和掌握档案管理现代化知识和技能，以适应社会主义现代化建设对档案管理工作的新的迫切需要。

第四节　档案管理的工作内容

一、档案收集工作

档案收集是一种按照国家的规定，通过例行的方式和制度接收、征集有关档案和文献的活动，这种活动可以将散落在各机关、组织、个人手中的相关档案统一收集到有关的档案室或档案馆，以便实现对相关档案的科学管理。

（一）档案收集工作的特性

1. 完整性与系统性

档案收集的一个重要要求就是收集到的档案必须在种类、内容方面符合齐全、完整的特点，同类档案之间也应能构成一个有机整体，这就使档案收集工作表现完整性和系统性的特点。档案收集的完整性和系统性特点要求档案收集工作人员在收集档案时，必须考虑档案当前以及未来在生产、生活中能起到的积极作用，以便真正发挥档案收集信息的参考价值。

2. 预见性与计划性

（1）预见性在档案收集工作中至关重要。预见性意味着在开始收集工作之前，要明确目标、范围和收集的目的。这需要对档案的重要性和价值有深刻的理解。例如，历史研究者在进行档案收集工作时需要明确研究的主题和问题，以便选择相关的文件和记录。同样，企业管理者需要预见未来可能的法律要求和监管要求，以确保他们的档案满足这些需求。预见性还包括对档案的生命周期进行规划，以确保它们能够长期保存和维护。

（2）计划性是档案收集工作的关键组成部分。一旦确定了收集的目标和范围，就需要制定详细的计划，包括时间表、资源分配和收集方法。计划性可以确保档案的有序收集，减少混乱和错误，提高工作效率。在历史研究中，计划性可以帮助研究者确定在何时访问档案馆、图书馆或档案库，以及如何获得必要的许可和权限。对于企业来说，计划性还包括建立有效的档案管理系统，以便能够快速检索和共享信息。

（3）预见性和计划性还需要考虑档案的保护和保存。档案的安全性和长期保存是非常重要的，因为它们可能包含敏感信息或重要历史文献。预见性要求制定措施来防止档案的丢失、损坏或未经授权的访问。计划性涉及到选择合适的保存介质和设备，以确保档案能够长期保存，不受损害。

（4）档案收集工作中的预见性和计划性还需要考虑技术和信息化的发展。随着技术的进步，越来越多的档案以数字形式存在。因此，预见性需要考虑数字档案的管理和保存，以确保它们的可访问性和完整性。计划性包括建立数字档案管理系统，确保数据的备份和安全性。

3. 针对性与及时性

档案收集工作必须根据各级科类档案馆（室）的收集档案的范围来进行，不能违反国家规定，擅自收集不属于本馆（室）收集工作范围的档案，以保证收集工作能够有目的、有重点地进行。档案收集工作还具有及时性的特点。它要求档案人员必须具有明确的时间意识，将应当接收或征集的档案及时收集进馆（室）。档案部门应当尽最大努力，避免拖延迟误，在掌握有关信息线索的前提下，采取相应的方式，尽快将档案收集起来。

（二）档案收集工作的地位

档案收集工作在档案管理工作中具有重要的地位。

第一，档案收集工作是档案管理流程的基础环节，为后续的档案整理、鉴定、保管和利用等环节提供了必要的基础和支持。如果没有档案收集工作，其他环节的工作将无法顺利进行。

第二，档案收集工作直接关系到档案的数量和质量。只有通过收集，才能够将有价值的档案资料集中在一起，形成完整的档案体系。如果收集工作不到位，将会导致一些重要的档案资料遗漏或者散失，给后续工作带来麻烦。

第三，档案收集工作还具有很强的专业性和技术性。在收集过程中，需要准确区分档案的价值和重要性，确保所收集的档案资料真实、完整、可靠。同时，还需要根据不同的档案类型和特点，采取不同的收集方法和手段，确保档案资料的齐全和系统。

第四，档案收集工作还具有很好的示范作用。收集工作的规范化和科学化，能够为其他领域的工作提供借鉴和参考。特别是在一些涉及国家政治、经济、文化等领域的档案管理中，规范的档案收集工作能够体现一个单位或者组织的管理水平和专业素养，对于维护社会稳定和发展也具有积极的作用。

总之，档案收集工作在档案管理中具有重要的地位。只有做好档案收集工作，才能够为后续的档案管理打下坚实基础，更好地发挥档案的重要作用。

（三）档案收集工作的内容

档案收集工作涉及以下方面的内容：

第一，机关单位、事业单位和企业单位的档案室对本单位所要归档的档案的接收。

第二，档案馆对辖区内现行的机关单位、事业单位、企业单位和撤销单位的具有长期保存价值的档案的接收。

第三，对中华人民共和国成立以前各个历史时期所形成的档案的接收与征集。在这里需要注意的是，档案收集工作并非一项简单的事务性工作，而是一项会受国家政策影响，并且具有很强业务性特征的工作。这主要体现在两方面：①档案室和档案馆在收集档案时需要根据国家政策规定，以及档案的特性进行选择；②档案收集工作受档案形成者的档案意识水平、价值观以及档案馆（室）保管条件等多种因素的制约，需要综合研究、统筹规划，提高档案收集工作的质量。

二、档案整理工作

档案整理工作是档案管理中不可或缺的重要环节，它直接关系到档案的保存、利用和管理工作。

（一）档案整理工作的意义

档案整理工作是档案管理的基础工作，具有非常重要的意义。

第一，档案整理工作是档案保存的重要手段。通过对档案进行有序的整理，可以避免档案的混乱和丢失，保护档案的安全和完整。

第二，档案整理工作是档案利用的关键环节。只有经过有序的整理，才能方便快捷地查找和利用档案，提高档案利用的效率和效果。

第三，档案整理工作是档案管理的必要手段。通过对档案进行整理，可以发现档案中存在的问题和不足，为改善档案管理提供依据和支持。

（二）档案整理工作的原则

档案整理工作应该遵循以下原则：

第一，真实性原则。真实性原则是档案整理工作中最基本的原则之一。它要求所有档案必须真实无误地反映了相关事件、活动或信息。这意味着档案不应被篡改、伪造或删除，以确保历史记录的准确性。档案整理工作者必须保持诚实和透明，不可隐瞒、歪曲或删改档案内容。只有真实的档案才能提供可靠的信息，支持决策制定和历史研究。

第二，系统性原则。系统性原则要求档案整理工作必须按照一定的系统和结构进行，以确保档案的有序管理和检索。这包括文件分类、编号、索引和标签等工作。一个良好的系统性安排可以帮助机构和个人轻松地找到所需的档案，提高工作效率。同时，它也有助于防止档案的丢失或混乱，保护档案的完整性。

第三，规范化原则。规范化原则强调档案整理工作必须遵循一定的标准和规范。这包括文件格式、存储介质、命名规则和文件保留期限等。遵循规范化原则有助于确保档案的一致性和可持续性，使其适应不同时间和技术环境的变化。此外，规范化可以提高档案的可访问性，使其更易于管理和利用。

第四，安全保密原则。"档案是现代信息社会中一种重要是资源，这种资源是有着自身的一定的保密性的。"① 对于一些涉及国家机密、商业机密等敏感信息，应该加强安全保密工作，确保档案的安全和保密性。

（三）档案整理工作的内容

档案整理工作的内容包括以下几个方面：

①柳鹄．试论档案管理的保密原则与应用［J］．办公室业务，2013，（01）：57.

第一，分类。按照一定的标准和方法，将档案进行分类，形成不同的类别和级别，以便更好地进行管理和利用。

第二，编目。为每个档案建立一份详细的目录，包括题名、作者、时间、类别、级别等信息，以便更好地查找和利用。

第三，排序。将分类和编目后的档案按照一定的顺序进行排列，以便更好地进行管理和利用。

第四，修裱。对于一些需要修裱的档案，进行修裱工作，以便更好地保护和利用档案。

第五，装盒。将整理好的档案放入指定的盒子中，以便更好地进行保存和管理。

三、档案鉴定工作

（一）档案鉴定工作的意义

第一，档案鉴定是保证档案真实性和完整性的关键手段。在档案鉴定过程中，需要对档案的内容、形式、历史背景等信息进行深入研究，从而确定档案的真实性和完整性。对于有疑问或缺失的档案，可以及时进行调查和补充，确保档案的可靠性。

第二，档案鉴定是档案分类和编目的基础。档案鉴定工作不仅需要对档案的真实性和完整性进行评估，还需要对档案的价值和使用价值进行判断。这为档案的分类、编目和整理提供基础，使得档案管理更具系统性和条理性。

第三，档案鉴定是档案保存和利用的依据。通过档案鉴定，可以确定哪些档案具有长期保存价值，哪些档案只需要短期保存。对于需要长期保存的档案，需要采取适当的保存措施，确保档案的完整性和安全性。同时，鉴定也为档案的利用提供依据，可以根据档案的价值和使用价值，提供不同层次的利用工作。

第四，档案鉴定是促进档案利用和共享的有效途径。通过档案鉴定，可以挑选出具有代表性的档案进行信息化处理和网络共享，使得更多的用户可以方便快捷获取和使用这些档案资源，从而提高档案的利用效率和共享范围。

（二）档案鉴定工作的原则

1. 历史性原则

档案是人类从事实践活动的产物，其形成总是依托于一定的历史环境。也就是说，档案的内容、形式与其形成的历史条件有着密切的联系。因此，在对档案的价值进行鉴定时，要将档案放到它所形成的历史环境中进行分析，并结合当前和将来的利用需要来考虑其保存价值。

2. 全面性原则

（1）综合档案的各个方面对档案的价值进行判定实际工作中形成的文件，其构成要素是不尽相同的，大量文件是因其内容重要而具有较高价值的，而在分析档案价值时通常应结合文件的来源、形成时间等因素才能获得比较正确的认识。同时，有的文件或因时间久远、或因载体特殊、或因有名人手迹等因素而价值增高，因此在分析档案价值时，只有全面兼顾文件的内外特征，才能准确判定档案的价值。

（2）全面把握被鉴定档案与其他档案之间的关系。各个单位、各项工作中形成的文件之间具有密切的联系，因此在鉴定档案时，应将有关的文件材料联系起来分析，然后再作出判断。只有这样，才能准确理解档案的内容和用途，从而对其价值作出正确的判断。

（3）对档案的社会需要进行全面预测。档案能够对社会的多种需要进行满足，而且社会对档案的需要也是多角度、多方面的。某一档案对某一单位来说有利用价值，但对其他单位来说则没有利用价值；对某一方面意义不大的档案，可能对其他方面具有重要的查考利用价值等。这决定档案鉴定工作要综合考虑社会多方面的需要，切忌只根据某个方面的需求来判定其价值。

3. 利益性原则

档案作为一种历史文化财富，是属于整个国家和人民的，而且档案的存在与作用发挥会关系到国家各方面的利益。因此，在开展档案鉴定工作时，必须遵循利益性原则，即要站在国家和人民的整体利益的角度对档案的价值进行衡量，绝不能以个人的好恶和小团体的利益为准则来衡量档案的价值。

4. 规范性原则

规范性原则要求机构、组织开展档案价值鉴定工作，应自觉遵从国家法律、法规、行政规章、地方规章及地方法规的有关规定。机构、组织及各级各类档案管理部门开展档案价值鉴定工作，应依据各专业主管部门制定的相关实施细则、部门规章，地方人大和人民政府制定的行政规章、行政法规等规范性文件中的有关规定，应注意遵循"法无规定即禁止"的原则要求。

5. 效益性原则

效益性原则是指在对档案的价值进行鉴定时，要考虑到收益与付出之比。只有当档案发挥的作用超过因保存档案所付出的代价时，才能判定其具有保存价值。档案鉴定工作的效益性原则有以下要点：①合规性。遵守法规以确保合法性和降低法律风险。②信息可追溯性。追溯档案来源和处理过程以确保真实性和解决争议。③透明性。记录操作和决策以确保公正和员工了解政策。④信息安全。保护档案机密性和完整性，防止未经授权访问。⑤效率与经济性。提高效率、降低成本，自动化、优化工作流程。⑥长期保存与保全。选择合适的保存媒介和制定持久性策略。⑦准入与访问。控制访问以防止未经授权访问。⑧监督与审计。定期监督和审计以纠正问题和改进流程。这些原则有助于确保档案管理的有效性、透明性和合规性。

6. 发展性原则

档案鉴定工作的发展性原则是指一组指导性原则，旨在确保档案管理系统能够适应不断变化的需求、技术和法规，以实现档案管理领域的不断发展。档案鉴定的发展原则旨在适应不断变化的需求、技术和法规，确保档案管理系统灵活、可持续。关键原则包括：①采用新技术如信息化、云存储，提高效率。②员工培训，跟进最新档案管理标准。③遵循数据隐私与安全法规，更新政策以确保合规。④可持续档案管理，减少纸质档案，采用可持续材料。⑤鼓励开放数据，提高信息共享，透明度。⑥多元文化和多语言支持，全球可访问性。⑦管理社交媒体和数字传播。⑧促进协作与互操作性，避免信息孤岛。这些原则确保档案鉴定工作适应未来挑战。

（三）档案鉴定工作的程序

在开展档案鉴定工作时，通常而言应遵循下面的程序：

第一，文件归档鉴定。这是各单位对于处理完毕的文件所进行的划定归档范围的工作。归档鉴定所依据的原则是国家的规定，各个单位也可以根据国家的规定确定本单位的归档范围。这项工作通常由单位的文书人员或秘书人员承担。

第二，划定文件的保管期限。由于各种因素的影响，同属于一个归档范围的文件常具有不同的保管期限，为此，在确定归档范围之后还需要对文件划定具体的保管期限。这项工作也应由单位的文书人员或秘书人员承担。

第三，档案价值复审。除了永久保存的档案外，其他定期保存的文件在保管期满之后，需要对其价值进行复审，以确定是继续保存还是予以淘汰。档案价值复审主要采取两种形式：①到期复审，即对于短期或长期保管的档案，在保管期满后重新审查其是否确实丧失了保存价值，对保管期满档案的复审周期可以逐年进行，也可以若干年度进行一次；②移交复审，即档案室向档案馆移交档案时，档案室人员和档案馆接收人员共同对所移交的档案的保管期限进行的审查工作。

第四，销毁无价值档案。档案的积累会导致存储空间不断减小，成本不断增加。因此，销毁无价值档案可以释放出宝贵的空间，使机构能够更好地组织和保护有价值的档案。这有助于提高工作效率，减少不必要的物理和电子档案存储成本。

四、档案统计工作

（一）档案统计工作的内容

档案统计是反映和说明档案及档案工作现象的数量特征，并对数据进行收集、整理和分析的过程，是掌握与分析档案和档案工作基本情况，研究制定档案管理与档案事业建设的方针政策和计划，实行有效监督与指导的重要依据和手段。其工作内容主要包括档案的基本登记和综合统计两部分。

第一，从档案统计的对象来看，可以分为两个方面：一是对档案实体及其管理状况的统计；二是对档案事业的组织与管理状况的统计。目前，我国档案工作的基本情况统计，分为四个层次：①国家档案工作基本情况统计；②专业系统档案工作情况统计；③地方（包括省、市、县各级）档案工作的情况统计；④档案馆、档案室档案工作情况统计。

第二，从档案统计的工作形式和方法看，根据不同目的和作用，可分为两大类：①综合性统计和临时性调查统计。主要是各级档案事业管理机构为了掌握全国或某一地区、某一部门的档案工作基本情况而制定的统计制度，包括定期统计报表、专题普查、抽样调查、重点调查和典型调查等多种方法。②专项性情况和数量的登记。主要是档案馆（室）结合具体业务工作进行的各项原始记录和统计台账。它具有基础统计和检索工具的双重性，项目通常有：卷内文件目录和案卷目录，档案收进、移出登记簿，全宗名册或全宗目录，全宗单，档案目录登记簿，档案利用与效果登记簿等。原始登记是统计调查的基础，各档案馆（室）的原始登记与各级档案部门的统计工作相互结合，形成档案统计网络。

（二）档案统计的步骤

档案统计是档案业务工作的一个独立环节，应遵守准确性、客观性、科学性的基本要求。同时还需要遵守全国统计工作现代化的要求，做到统计指标体系完整化、统计分类标准化、统计调查工作科学化、统计基础工作规范化、统计计算和数据传输技术现代化、统计服务优质化。档案统计大致可以分为统计设计、统计调查、统计整理、统计分析四个阶段。

1. 档案统计设计

档案统计设计是指档案及档案工作数据的调查计划，包括资料收集、整理与分析过程的统计设想和科学安排，主要内容包括：

（1）明确统计调查目的和指标。

第一，了解参数（即总体的统计指标数值），用以说明总体特征，如某档案室利用人次和卷次、某档案馆馆藏档案信息化率等。

第二，研究现象之间的联系，以探索原因，如馆藏数量与利用数量的关系。

（2）确定统计调查的对象和观察单位。根据调查目的和指标来确定调查总体的同质范围，作为调查对象，而总体中的个体则为观察单位。

（3）统计调查方法。它一般分为普查和非全面调查。非全面调查包括典型调查和抽样调查。

（4）统计调查方式。它包括直接观察、走访、填表和通信四种方式，前两者较为客观。

（5）调查项目和调查表的设计。

2. 档案统计调查

档案统计调查是档案统计工作的关键环节，基本任务就是采取科学的方法，借助各种调查表，有计划、有组织地为档案统计获取原始数据。我国目前实行的调查方法包括：①统计报表。是各级档案行政管理部门和档案馆（室）按照一定的规定自上而下地向上级档案行政管理部门定期报送的统计材料。它是档案统计中最基本、最经常的一种调查方式。②专门调查。是为了认识和解决某一专门问题而临时组织的调查。它是统计报表的补充形式，可以分为普遍调查和抽样调查。

3. 档案统计分析

档案统计分析是对统计资料进行综合归类、比较研究，用以揭示档案、档案工作内在联系与发展规律的活动。档案统计分析的常用方法如下：

（1）对比分析。对比分析是档案统计分析的关键组成部分之一。通过对比不同时间段、地点或档案类型的数据，我们可以发现各种变化和趋势，为决策提供有力支持。

（2）相关分析与因果分析。相关分析与因果分析是另一项重要的技术，通过识别不同因素之间的关联性以及它们对档案工作的影响，我们可以更好地了解档案系统的运作方式。

（3）静态分析和动态分析。静态分析和动态分析分别关注了档案数据的瞬时状态和随时间的演变。这种分析方法有助于发现随着时间推移档案工作的改进或问题的出现。

（4）综合分析。综合分析是将多种方法结合使用，以获取更全面的洞察。它涵盖对档案工作的多个方面的全面分析，为制定战略计划提供有力的支持。

（5）系统分析。系统分析是一种综合性方法，用于评估档案系统的整体性能，包括其结构、流程和技术支持。这种方法有助于发现系统中的潜在问题并提供改进建议。

五、档案检索工作

档案检索工作是指管理和检索存档文件和信息的过程。这包括定位、检查和提供所需的档案或信息，以满足组织或个人的需求。这项工作通常涉及创建索引、标签、分类、信息化和维护档案，以便有效地找到和访问存档内容。档案检索工作在各个领域，如企业、政府、图书馆、档案馆和个人生活中都具有重要意义，有助于提高信息的可访问性、管理效率和决策制定。档案检索工具如下：

第一，案卷目录。它是以案卷为单位，根据档案整理顺序组织起来的，固定案卷位置，统计案卷数量，监督、保护档案材料的一种管理工具。

第二，全引目录。它是案卷目录与卷内文件目录"合二为一"的产物，并兼有案卷目录和卷内文件目录的功能。

第三，归档文件目录。它是以全宗为单位编制的所有归档文件名册。为适应档案管理现代化的需要，归档文件应依据分类方案和室编件号顺序编制归档文件目录。

第四，分类目录。分类目录是根据体系分类法的原理，把档案主题按《中国档案分类法》的逻辑体系组织起来的检索方式。分类目录一般只采用卡片式，编制方法与步骤是：①填制卡片；②排列卡片；③安放导卡。

第五，主题目录。主题目录是根据主题法的原理，用规范的词、词组揭示文件或案卷的主题内容，并按主题字顺组织起来的一种检索方式。主题目录大多采用卡片形式，主要特点是能够揭示有关同一事物档案的内容，具有较好的特性检索功能。

第六，专题目录。专题目录是集中、系统地揭示档案馆（室）内存关某一专门事物、某一专门内容档案的检索方式。专题目录一般采用卡片式，其编制方法如下：①选题；②选材；③填卡；④排列。

第七，人名索引。人名索引是揭示档案中所涉及的人物并指明出处的一种检索方式。人名索引可以分为综合性和专题性两种。综合性人名索引是将馆藏档案中所涉及的全部人名编成索引，专题性人名索引是根据所列专题范围，如任免、奖励、处分等对涉及该专题的人名编制索引。

第八，地名索引。地名索引是揭示档案中所涉及的地名并指明出处的一种检索方式。地名索引的著录项目包括地名和编号两部分，一般按照地名首字的字顺排列。

第九，文号索引。文号索引是把档案的文号与档号相对应，提供按文号检索档案的一种检索方式。因为这种检索方式一般采用表格形式，所以也称文号编号对照表。其制表方法为：把同一年度、同一发文机关的文件编成表格，再把所有的表格装订成册。

第十，全宗指南。全宗指南是以文章叙述的形式介绍某一个全宗档案内容和成分及其意义的一种工具书，又称全宗介绍。全宗指南的内容主要包括：立档单位的历史概况；全宗档案概况；全宗内档案内容与成分的介绍。

第十一，计算机检索。随着办公自动化的发展，电子计算机已经成为必备和常用的工作设备和工具。电子计算机强大的处理信息功能为档案信息的存储和检索提供了一条广阔的道路。档案计算机检索的特点，包括信息存储量大、检索速度快、检索效果好、检索途径多元化、检索灵活方便、对计算机系统的依赖性强。

六、档案保管工作

（一）档案保管工作的意义

档案保管工作是指在档案入库后所进行的存放、日常维护和安全防护等管理工作。开展档案保管工作，维护档案的完整，并尽可能保护档案不受损害。在档案管理中，开展档案保管工作有着十分重要的意义，具体表现在两个方面：一方面档案保管工作有助于对真实的历史进行反映。档案中所记录的是真实的历史，只有将这些档案原件保管好，使这些档案的内容永久保存，才能够对历史的原貌进行真实反映、方便国家在未来开展工作时对这批档案进行有效利用；另一方面，档案的寿命与档案保管工作具有密切的关系，当保管工作适宜且得当时，档案的寿命会相对延长，反之则会缩短档案的寿命。因此，必须要有效开展档案保管工作。

（二）档案保管工作的任务

第一，防止档案的损坏。档案保管工作的基本原则就是"以防为主，防治结合"。其中，防是档案保管工作中的根本问题，要防止人为地破坏档案，防止各种不利因素损毁档案，特别是对重要档案、核心档案，要注意重点保护，立足于防，最大限度地消除各种不利因素的影响。

第二，延长档案的寿命。要从保管工作制度、办法及技术处理措施上，提出保护档案的具体要求，延长档案的寿命，以适应档案长期保存的需要，从而有利于档案的长远利用。

第三，维护档案的安全。档案的安全主要涉及两方面的内容：①档案实体的物质安全；②档案内容特别是机密内容的政治安全。因此，在开展档案保管工作时，必须积极采取有效措施来维护档案的安全。

第四，建立和维护档案的存放秩序。为了使档案入库、移出、存放井然有序，能够迅速地查找档案，并随时掌握档案实体的状况，档案室（馆）要根据档案的来源、载体等特点，建立一套档案入库存放的规则和管理办法，使档案无论是在存放位置上还是被调阅移动，都能够处于一种受控的状态。

（三）档案保管工作的内容

第一，正确认识和全面把握档案的安全现状和破坏档案的各种因素。档案的安全现状和破坏档案的各种因素直接影响着档案保管工作的内容。首先，正确认识档案的安全现状，包括了解馆（室）藏档案进馆（室）前后的保管措施、保管过程、有无损坏、损坏程度如何等，以便于确定今后的工作目标和工作内容；其次，只有全面把握威胁档案安全的各种因素的特点、表现形式，工作才能有的放矢，有针对性地将各种因素对档案的破坏降至最低。可见，正确认识和全面把握档案的安全现状和破坏档案的各种因素，是对工作对象和工作先天影响因素的深入剖析，回答了"管什么""为什么管"的问题，是档案保管工作有效开展的前提。

第二，提供档案保管的基本物质条件。档案安全、妥善的保管，离不开基本的物质条件。基本物质条件的好坏，直接影响着档案的寿命。良好的物质条件保证，有利于档案的长久保存。确保档案妥善保管的基本物质条件包括档案库房、档案装具、档案保管的设备、档案包装材料等，这些条件要满足有利于档案长久保存的原则、规范和标准。不同载体的档案，如纸质档案、胶片档案、磁性载体档案、光盘档案、电子文件等材料和形成原理不同，影响其耐久性的因素不同。因此，在保管中档案库房、装具、设备等基本保管条件也存在较大的差异，尤其对于电子文件，如何在保管中确保其长期可读、可用，已成为档案保管工作的新内容。

第三，制定和完善档案保管的各项制度和标准。制定关于档案保管工作的制度，有利于档案工作者和档案利用者规范自己的行为，明确在档案保管和利用过程中应该做什么、如何做，有何责任和义务，避免人为原因造成的对档案的损害，最大限度地保护档案。

档案保管工作标准有利于工作的规范化，有助于降低工作成本，减少工作中因人为原因产生的对档案保管的变化，有利于为档案保管创造最佳的条件和环境。在档案保管工作中，从国家到地方各级各类档案馆（室）应形成完整的档案保管工作制度和标准体系，以实现档案保管工作的标准化和规范化，维护档案的完整与安全。

第四，做好日常的档案保管工作。日常档案保管工作从内容方面来看，包括防盗、防水、防火、防潮、防尘、防鼠、防虫、防高温、防强光、防泄密等；从工作地点来看，包括档案库房中的保管和档案库房外的保管。在库房外的保管，又可分为在流通传递中的保管和在利用中的保管。在库房中的保管，主要由档案工作人员来完成；而在库房外的保管，则需要档案工作人员和档案利用者共同来实现。因此，使利用者同样以"爱惜"的态度，科学合理地利用档案也是日常档案保管工作的重要内容。日常档案保管工作繁杂琐碎，但又是档案保管的基础性工作，因此，需要档案工作人员精益求精、细心、耐心地来实现。

第五，开展有针对性的档案保护工作。采用专门的技术和方法对受损程度较大、有重要价值的或其他急需修复的档案进行保护，延长档案的寿命，这是档案保管工作的一项重要内容。专门的保护措施专业性较强、技术性较强，且细微细致，需要专门的人才，需要大量的财力、物力的保障，但它在延长档案寿命等方面发挥着重要的作用。因此，每个档案馆（室）在做好日常保管工作的同时，应根据馆藏状况，有针对性地将开展档案保护工作纳入档案保管工作的整体规划。

（四）档案库房

档案库房是档案保管最基本的物质条件，是档案保管中长期起作用的因素，其质量直接影响档案保管中各项设备的采用与效果。档案馆应该按照《档案馆建筑设计规范》的要求建造档案库房；档案室在档案库房的选址或建造上也应该尽量向《档案馆建筑设计规范》的要求靠拢。在无法达到其要求的情况下，也必须满足以下方面的要求：

第一，档案库房要有足够的面积，开间大小要合适。

第二，库房必须专用，不能与办公室合用，也不能同时存放其他用品。

第三，档案库房必须是坚固的正规建筑物，临时性建筑不能作为档案库房。第四，档案库房应该远离火源、水源和污染源，符合防火、防水、防潮、防光、防尘、隔热等基本要求。

第五，档案库房的门窗应具有良好的封闭性。

七、档案的利用工作

档案的利用工作，也称为档案的提供利用工作，即档案部门为满足社会利用档案的需要，向用户提供机会和条件的工作。档案利用工作是档案工作所有环节的最终环节，是使人们认识了解档案的必要方式。

（一）档案利用工作的目的

档案利用工作的目的，就是提供档案为党和国家各项工作服务，为各项事业服务，为档案利用者利用档案进行咨询服务，为档案利用者提供文献资料和情报信息。档案利用工作与档案利用者建立联系，有助于档案的宣传，使人民了解档案利用档案，能够关注和支持档案，从而使档案工作的整个过程都能因为需求而焕发生机活力。

档案利用工作最终目的，就是把整理收集的档案进行有效的利用，为利用者提供他们所需的档案，为各项事业服务，从而使档案的凭证参考作用得到充分实现。为了实现档案工作的这一最终的目的或者说根本的目的，就需要采取一些措施。其中依存于档案馆强大的信息资源，服务于广大的利用者，采取多种多样的方法和形式，提供档案和开发档案，从而为党和国家的各项事业进行服务。

档案是真实的材料，也是原始的材料，真实地反映重现历史的原貌，档案存在的意义就是为了提供给档案利用者使用。只有将现有的档案加以提供使用，才能让档案发挥出它的作用，才会对社会和经济产生出效益。

总之，党和国家对档案事业非常重视，投入了大量的人、财、物支持，所有这些努力，都是为了让档案利用者能够更好地利用档案。档案工作赖以存在和发展的基础就是档案的利用工作。档案利用工作如果能够做得好，就能使档案工作得到发展壮大。如果做得不好，就会影响档案工作的开展。每个人都需要利用到档案，档案馆如果可以及时准确地提供档案利用者所需的档案，满足档案利用者的利用需求，人们就会认识到档案部门的作用，知道档案馆对他们有着很大的帮助，是他们珍贵的材料库，由此才会愈加支持档案工作。

（二）档案利用工作的地位

第一，档案的利用工作是实现档案工作目的的主要手段。档案工作的根本目的，就是为党和国家以及各组织单位的各项工作服务，充分发挥档案的作用。从这个意义上说，档案的利用工作是实现档案工作目的的主要手段，从而也就决定档案的利用工作是档案工作的中心任务，是最重要的一项工作。

第二，档案的利用工作是检验档案工作质量的重要方法。在提供服务的工作中，能够比较客观地发现和了解档案工作中其他业务环节的优缺点，如收集的档案是否齐全、整理是否科学、鉴定是否准确、保管是否安全等，从而促使我们采取有效措施改进档案管理工作。

（三）档案提供利用的方式

档案提供利用的具体方式是多种多样的，但归纳起来有以下几种基本方式：

第一，以档案原件方式提供利用。如档案馆（室）开辟阅览室，利用者在馆（室）内阅览一般文件原件；在某些情况下将档案原件暂时借出馆（室）外使用等。但不适用于比较珍贵的档案原件及容易损坏的历史档案。

第二，以档案复制品方式提供利用。如制作各种形式的档案原件复制本，代替原件在馆（室）内阅览或提供馆（室）外利用；编辑出版文件汇编和档案参考；进行档案的展览与陈列等。

第三，以档案信息内容方式提供服务。如编写各种参考资料，制发档案证明，函复查询外调，积极开展档案的咨询服务工作。

第二章 现代档案管理的创新探索

第一节 现代档案管理的依据

一、现代档案管理的涵义

现代档案管理属于管理现代化，管理现代化就是把管理工作信息化和最优化。其具体含义：①把现代科学技术综合、全面地运用于管理活动之中；②当前的现代化管理技术主要是指计算机技术等；③管理现代化的目的在于使管理工作趋于完善，并使整体功能和效率提高，达到优化。进而认为，现代档案管理至少包括三个要素，即档案管理中使用现代化的技术、档案管理者掌握现代科技知识和建立起科学的管理机制。因而，现代档案管理是指用科学的思想、组织、方法和手段，对档案工作进行有效的管理，使之获得最佳的工作效率、经济效率和社会效率。

现代档案管理的特征包括：①系统化，就是整体的各个组成部分为达到一个总目标，按照统一计划而行动；②定量化，就是把复杂系统中的变量及相互关系，用数学形式表示出来，建立数学模型，进行定量分析，预测未来或调整方向；③信息化，就是广泛地使用计算机，对大量有用信息进行收集、分析，利用反馈信息进行预测和决策；④智力化，就是现代化管理十分强调人的作用，注意开发管理人员的智力，充分调动人的主动性、积极性和创造性，要求组织机构具有应变能力，充满活力和高效率，以适应错综复杂的变化情况或环境。

现代档案管理是定位于由先进的管理理念和管理技术支撑的一种管理环境，建立这种管理环境的目的在于比传统档案管理产生更大的社会效益和经济效益。因而，现代档案管理除了档案信息处理管理技术现代化外，还需要包括档案管理思想的现代化、档案业务规范标准化、馆藏结构合理化、馆网建设科学化、档案信息服务社会化、档案人员专业化等。

二、现代档案管理的意义

现代档案管理的意义是重大而深远的，它能提高档案工作的质量和效率，促进档案信息资源的开发，发展我国的档案事业，为档案事业适应社会主义现代化建设服务。具体地说，其意义从以下几个方面体现出来。

（一）紧跟现代社会发展需求

紧跟现代社会发展需求，档案部门在社会信息产业中扮演着至关重要的角色。随着科技的迅猛发展，档案管理也需要不断升级，以适应当今信息时代的要求。

第一，档案部门应推动信息化进程。信息技术的不断进步已经改变了我们的生活方式和工作方式。档案管理也不能例外。信息化档案管理系统的建立和维护成为当务之急。这不仅可以提高档案的存储和检索效率，还可以降低维护纸质档案的成本。此外，信息化档案可以更容易地与其他信息系统集成，实现跨部门的信息共享，为政府和企业提供更多决策支持。

第二，档案部门应积极拥抱网络化。互联网的普及使信息的传递变得更加便捷和快速。档案部门可以通过建立在线档案查询系统，使公众能够方便地访问和检索档案信息。此外，与其他档案机构和相关组织的合作也可以通过网络实现，促进信息共享和互惠互利。网络化还可以加强档案的安全性，通过数字签名和加密技术来保护档案信息的完整性和机密性。

第三，档案部门应追求智能化。随着人工智能和大数据技术的发展，档案部门可以利用这些技术来更好地分析和利用档案信息。自动化的数据分类和标记系统可以提高档案检索的效率。智能搜索引擎可以根据用户的需求提供个性化的搜索结果。此外，机器学习和数据挖掘技术可以帮助档案部门发现潜在的信息关联和趋势，为决策者提供更多有用的见解。

第四，档案部门应满足个性化需求。每个用户都有不同的信息需求，档案部门应该努力提供个性化的服务。这可以通过分析用户的历史查询和兴趣来实现，为他们推荐相关的档案信息。同时，档案部门也应提供多样化的访问途径，包括在线查询、电话咨询、甚至实体档案的复制。个性化服务可以提高用户满意度，促进社会信息的更好利用。

（二）成为档案事业可持续发展的动力

可持续发展是人类关于发展的新的战略思想，是近年来人类鉴于现代工业文明的历史性困境，在环境意识、生态意识新觉醒的基础上诞生的。它把整体观念、持续观念和新的道德观念注入发展的思想中去。它的目的是要满足当代的需要而不损害后代满足其需要的能力，它强调环境与经济的协调，追求人与自然的和谐，争取现实与未来的统一，是人类一种新的发展观、价值观和道德观。

档案事业的可持续发展是可持续发展观念在档案工作领域中的延伸。就档案事业可持续发展的必要性上考察，是基于两个原因：

第一，档案事业的可持续发展本身是人类新的发展的组成部分，它取决于人类总体可持续发展的水平，又以源源不断的有效档案信息服务于人类整个可持续发展本身。

第二，从我国档案事业发展本身看，档案事业的生存主体——档案馆、档案室，目前存在着比较严重的问题，如馆（室）藏结构单一、有效档案内容信息匮乏与社会对档案信息多元需求之间的矛盾问题、建立高水平的计算机网络系统与基础工作支持能力低下的矛盾问题、量大质次的档案收藏过多给档案库房造成的压力问题，诸如此类，都是制约档案事业继续发展的瓶颈问题。因此，如果不运用先进的科技设备和技术手段进行现代化管理，采取有效措施，借鉴国外同行或者国内其他部门的模式和经验，实现跨越式发展，就可能造成档案事业全面滞后于社会的发展。

（三）现代档案管理与国民经济、社会协调同步发展的适应

现代档案管理与国民经济和社会的协调同步发展密切相关。档案事业，是国民经济和社会管理的重要组成部分，其现代化与国家的现代化建设紧密相连。

第一，现代档案管理需要与国家发展战略相契合。我国的现代化建设涉及多个领域，包括经济、科技、文化、社会等。档案管理应当为各个领域提供支持和服务，确保相关信息的准确记录和保护。这有助于国家政策的制定和执行，促进各个领域的有序发展。

第二，档案管理需要采用现代化技术手段。随着信息技术的飞速发展，信息化档案管理系统已经成为现代档案管理的必备工具。这种系统可以提高档案的管理效率，减少文件丢失的风险，以及降低维护成本。同时，信息化档案也更容易与其他信息系统集成，为国家经济和社会管理提供更多便捷的支持。

第三，档案管理需要满足社会信息需求。现代社会对信息的需求日益增加，档案管理应当能够及时、准确地满足这些需求。这需要建立高效的检索系统，使信息可以随时提供给需要的人。同时，档案管理也应积极开展信息公开工作，确保公众能够便捷地获取相关信息。

第四，档案管理需要关注信息安全和隐私保护。随着档案管理的信息化和网络化，信息安全和隐私保护变得尤为重要。档案管理部门应采取相应的措施，确保档案信息的机密性和完整性，防止信息泄露和滥用。同时，也应遵守相关法律法规，保护个人隐私。

三、现代档案管理的创新表现

(一) 正确处理传统与现代化的关系

1. 树立现代管理理念

现代化的档案管理不只是要具有现代化的技术标准，更重要的是要树立现代管理思想和理念。现代化的管理技术与手段取代传统手工操作不是一朝一夕、一蹴而就的事情，而是一个日积月累的渐进过程，但是与改变传统观念相比，观念的改变比管理技术与手段的提高更为艰难。因此，用现代管理理念为现代档案管理创立方法论则显得更为重要。故而，档案工作者在保持优良的传统档案管理方式和理念的同时，要敢于引入现代思想和理念，对传统档案管理思想加以改革和创新，发扬科学与人文精神，才是真正的现代档案管理。

2. 正确处理传统管理与现代管理的关系

现代档案管理不是完全抛弃传统档案管理的经验与方法，相反，它是传统与现代文明融合升华的产物。比如，在电子文件大量出现的今天，在电子文件的法律效力和安全保护问题得不到彻底解决的情况下，基于档案保护和未来利用的需要，双套制仍是许多档案部门采用的有效管理方法。在现代化的背景下，档案工作应继承和发扬传统档案管理的精髓，使之与现代管理与技术融合与衔接，预测和适应未来发展的需要，充实和发展现代档案管理理论，为档案管理实践提供现实指导。

(二) 理念、方法和思路的全面革新

仅仅有信息化技术和手段是远远不够的，重要的是需要档案管理理念、方法和思路的全面革新。面对电子文件的技术特性和管理手段的变化要求，传统的档案管理理念和方法的变革势在必行，只有采用科学的现代管理思想，才能充分发挥现代信息技术的优势，管理好电子文档。在电子文件时代，前端控制和全程管理理念显得比纸质文件时代更加重要。

"前端控制"，是指档案工作者不能再像传统文件和档案管理时代那样静坐等待，而是需要在电子文件形成之时甚至生成之前，即在电子文件管理系统设计时就积极介入其中，把电子文件（包括归档电子文件）的管理要求融入系统功能设计之中。例如：鉴于电子文件数量巨大、"稍纵即逝"等特点，要求在电子文件管理系统中预先设置归档范围、保管期限等功能，在文件生成或收到之时即进行实时归档和前端鉴定。

"全程管理"，是指对电子文件从产生到最终销毁或永久保存进行全过程的监控和管理。在电子文件时代，电子文件从产生到最终销毁或永久保存是一个完整的运动过程，而且各个运动阶段之间的界限不再像纸质文件那样明显、容易区分，这就更加需要对电子文件从生成、运转到保管、利用和销毁的整个生命过程实行实时监控，以确保电子文件的完整性、真实性、可靠性、安全性和可读性。

（三）档案服务机制和观念的全面创新

提供利用是档案工作永恒的主题，档案提供利用是档案部门、档案工作者与社会联系的桥梁和纽带。档案部门在进一步拓展利用服务范围、领域和内容，营造服务环境，创造服务条件，改进服务态度，提高服务能力和水平，为社会提供全方位、多层次、高水平的档案利用服务的同时，还应当顺应现代社会的需要，在档案利用服务机制和服务观念方面有所创新，这是现代信息社会对档案工作的热切呼唤与必然要求，是激发现代档案管理焕发生机与活力的关键之一。

1. 实行档案开放新机制

透明化作为政府运作的重要原则，推动着我国民主政治进程的加快，实行政府信息公开成为各级政府的一项重要职能。政府信息公开的重要内容和途径之一，就是向社会公开可公开的现行文件及可开放的档案。

政府信息公开为档案利用服务机制的全面创新提供一次绝佳的机遇。各级各类档案馆、档案室都应当顺应政府信息公开的时代潮流，按照我国有关法律法规关于现行文件和档案开放利用的规定，除继续开办现行文件利用中心，承担起政务公开义务，为广大公众提供现行文件利用服务外，各级国家综合档案馆还应当打开大门，尽量开放可公开的馆藏档案。不仅要为领导决策、为企业发展、为学者研究服务，还应当面向社会，为公众提供更广范围和更友好的档案利用服务。以机关和企事业单位档案室为代表的内部档案保管机构也可以有限制地开放，为社会提供档案利用服务。

2. 树立档案"人文"服务新观念

档案服务"人文"观，就是指在提供档案为社会服务时，坚持以人为本，全心全意为公众、为社会服务的思想。在传统的档案管理工作中，片面强调"维护档案完整与安全"的管理原则和"以档为本"的价值取向，将本应提供开放的档案束之高阁，机关档案室利用服务的重点也仅仅局限于领导或领导机关，其结果是给档案披上了一层神秘的外衣，广大公众被挡在了档案馆（室）的大门外。档案管理过度偏重维护档案的保密、安全和完整，会导致忽略档案管理的根本目的是为社会和人类积累财富和提供服务。

现代档案管理要求树立"人文"观，要以人为本，为人服务，这就要求现代档案部门和档案工作者注重人文关怀，处处体现以人为中心，考虑人的需要。实行这一原则，主要体现在三个方面：①在服务内容上，要以社会的需求为导向，开展馆藏建设和档案信息资源开发；②在服务方式上，兼顾不同群体的需要提供服务，甚至考虑每个利用主体的特殊要求提供个性化服务；③在服务环境上，营造人文关怀的服务环境，采用"以人为本"的理念，充分考虑不同人群的需要。

随着我国社会主义民主政治的发展，公民的权益意识和公共意识逐渐觉醒，社会各方面档案利用的需求不断增长，越来越要求现代档案管理要为社会各方面提供服务。档案作为个人、组织机构乃至人类的集体记忆，是社会共同的信息资源和文化财富。这就要求各级各类国家综合档案馆要办成社会的公共文化机构，实现两个转变，即从"重藏轻用"转到"以藏促用"，从主要向政府机关和专家学者提供档案，转到为全体社会公众提供档案的利用服务上来。

总之，档案管理要密切关注现代社会对档案工作提出的新要求，坚持以人为本的宗旨，全心全意为公众、为社会服务。

3. 坚持档案为社会全方位服务思想

经济与社会的全面、协调、可持续发展是科学发展观的基本内容。它强调经济、政治、文化建设的全面进步、相互协调，以及经济发展与人口、资源、环境相协调，实现人类社会的持续发展。这种观念对现代档案管理也有重要的意义。

传统的档案管理重保管轻利用，服务对象也较多偏重国家机关、国有企事业单位，档案发挥作用的范围较小，因此档案工作也不被人们所重视。仔细分析档案管理的作用和地位不难看出，档案管理作为政府、企业等组织乃至整个社会基础管理中的一个重要组成部分，它虽然不是所属机构和社会的核心工作，而是从属和服务于其他各项管理和工作活动的，但是档案是人们在社会经济、政治、科学、文化等各项实践活动产生的历史记录，并且还是这些实践活动延续的依据，因此，虽然档案管理一般不直接产生经济效益，但是搞好档案管理工作，可以为其他社会活动产生经济效益服务，或产生潜在的社会效益。

对政府来说，档案是行政管理的依据、领导决策的参考，可以帮助政府提高规范化水平，实现业务流程重组，提高行政效率；对企业来说，档案管理可以融入企业的信息管理或企业现代化管理系统，提供档案信息服务，方便各项管理活动，维持企业正常运转，宣传企业形象，提高企业竞争力；对整个社会来讲，档案管理可以为人类保存文化遗产，为社会提供集体记忆，既满足当代人的利用需要，还保持人类社会和历史的整体性和延续性，为子孙后代造福。因此，档案管理不但可以为生产力和经济发展水平的不断提高提供服务，还可以推动社会进步和人类文明的进步与发展。

总之，为经济、社会的全面、协调、可持续发展提供有力支撑，是现代档案管理赖以存在和发展的主要价值。现代档案管理部门和档案工作者要解放思想，坚持档案为社会全方位服务的思想，努力完成自己的工作职责，担负起为社会发展提供强有力支持的历史和时代的使命，才能赢得自身生存和发展的空间，为社会作出应有的贡献。

（四）全球化催生档案学发展新契机

由于政治、经济、文化等社会背景的不同，档案管理实践的差异，中外档案管理理论往往各具特色。随着我国改革开放的进一步深化，世界经济一体化和全球化的发展，不同国别、不同知识背景、不同流派的中外档案学者之间的信息沟通和知识交流越来越频繁，在进行交流和合作的过程中不仅能够加深相互了解，实现中外档案管理理论的融合与互补，而且不同思想的碰撞也往往会擦出智慧的火花，从而也为我国档案学的发展提供了新的契机。

我国档案界一贯重视在加强中外学术交流、借鉴国外档案管理理论的同时，保持中国特色。一方面，我们在借鉴国外一些重要的档案管理理论时，如文件运动、档案开放利用和档案鉴定理论等，应该取其精华，并与中国的传统理论相融合，从而发展出更适合我国现代档案管理的理论与方法。另一方面，应充分肯定我国档案管理理论的价值，将具有中国特色的档案学术思想精粹保存并发扬，努力做到与发达国家档案界平等对话，在国际档案界发出自己更有影响力的声音。

第二节　现代档案管理的实现

一、实现现代档案管理的内外条件

（一）现代档案管理建设的内部条件

现代档案管理建设的内部条件，即档案工作本身的基础条件，它可以分为档案管理业务和技术标准化、档案人员专业化和档案管理行为科学化等方面。

1. 档案管理业务和技术标准化

档案工作领域中的"标准"，可以进行这样的表述：以优化档案工作为目的，以档案工作实践经验和相应条件为基础，对档案工作中具有多样性和相关性特征的事物所做的统一规定。它是通过充分协商，经过专门的程序，用特定的文件形式颁发的。因此，档案管理业务和技术标准化，就是对档案管理业务技术活动中具有多样性、相关特征的重复事物制定和实行统一规定的过程。

实行档案业务技术标准化的必要性表现为三个方面：

第一，它能有效地提高档案管理水平。档案业务技术的标准化，实质上是按照档案管理活动中的客观规律，消除其中多余的、可替换的极低功能的形式和部分，使各项业务、技术的构成合理精练，并使同类业务、技术在基本特征、功能形式上具有统一性、规范性、互换性，从而减少档案管理的重复劳动和因不必要的多样化而造成的混乱状态，提高档案管理水平，为档案信息的开发与交流创造条件。

第二，它是档案管理中运用现代化管理设备和技术手段的前提与基础。"档案管理基础工作在开展的过程中运用这种现代化的计算机科学技术，可以十分有效地提升我国档案管理工作开展的整体效率。"① 如计算机设备和技术手段可以使档案存储实现网络化传递和交流，更需要标准化。

第三，它是档案事业的整体化趋势，也是纳入国家信息系统的重要条件。档案信息系统日益明确地成为国家信息系统的重要组成部分。因而，在档案信息系统内部，各档案部门要互相协调、密切合作；在外部，则需要与图书、情报等其他信息系统取得协作，才能使档案信息系统具有开放性。档案管理业务与技术标准化，正是档案信息系统达到内部协调和外部协作的重要条件。

其四，档案术语与代号代码标准。档案名词术语标准化，不仅关系到档案专业用语的规范和统一，而且关系到其他档案管理标准的制订和实施。名词术语含义不清、基本概念众说纷纭，会给档案理论研究和档案工作实践带来混乱，影响档案学及档案工作的发展。因此，各国都十分重视档案专业名词术语的标准化工作，以便为制订其他各项标准打下基础。

2. 档案人员专业化

在实现现代档案管理的过程中，档案工作人员专业化是不可缺少的重要条件。档案工作的方针、政策要靠档案工作人员来贯彻执行，档案部门的职能要通过档案工作人员的活动来实现，档案工作的科学管理需要档案工作人员来实施，现代化的档案管理技术、设备也需要档案工作人员来操作运用。总之，档案工作人员是构成档案工作的主体，档案工作水平的提高，需要通过提高档案工作人员本身的素质来实现。

档案工作人员专业化，意味着档案工作人员一般需要具备以下素质：

（1）政治素质。其中包括档案工作人员的政治品德素质，即政治态度、政治品质和思

①栾爱芳. 浅谈档案管理基础工作在现代档案管理中的作用［J］. 中外企业家，2020，（03）：133.

想作风，档案工作人员的职业道德素质，即要尊重档案、尊重历史，遵纪守法、严守机密，甘为人梯，热心服务。

（2）专业素质。主要是履行专业职责的能力、智力、成绩、学历和资历等，它是完成专业工作任务的保证。

（3）知识素质。档案工作人员应该了解专业基础知识、文史知识和计算机及有关的自然科学基础知识。为此，档案工作人员需要学习一些必要课程，诸如档案学概论、档案管理学、档案保护技术学、文书学、档案信息计算机处理、电子计算机技术、软件技术、通信及网络技术、办公自动化（OA）等。

3. 档案管理行为科学化

档案管理行为的科学化，主要体现在档案工作组织管理的科学化方面，它是指按照档案管理的客观规律安排和协调一个档案馆（室）乃至一个国家的档案工作，让档案管理的各个环节的质量和效率都得以不断地提高。

档案管理行为科学化既是现代档案管理的重要内容，更是其得以实现的重要条件。因为以信息处理为特征的档案管理，是物化于各种机器设备之中的，特别是以计算机为核心的设备。因而从本质上来说，这是一个数学问题。因为到目前为止，机器执行的信息处理，绝大部分都可以看作是某种计算管理行为的科学化。

从我国目前的情况来看，全国的档案事业具有规模大、层次多、结构复杂、联系面广等特点。一方面，它作为国家信息系统的一个组成部分，需要与其他信息部门协调与配合；另一方面，它又以数以千计的档案馆和数以万计的档案室为其组成部分构成了一个整体，需要以各个部分的相互协调与配合来共同完成保管全国档案和向社会提供档案信息资源这一重任。一个具体的档案馆也是这样，它不仅与社会各方面有着密切的联系，而且其内部也存在着各环节、各部门之间的协作问题。对整体的统筹安排、统一指挥以及对各部分关系的有效协调等都是科学管理的重要内容。

档案工作的现状对组织管理活动提出了新的更高的要求，单纯沿用以往的经验管理方法和行政手段已无法与之相适应。以现代管理科学为指导，使管理思想、体制、方法、手段逐步科学化，是使管理活动适应现代档案工作发展需要的必要条件。

科学的组织管理与先进技术设备的采用有着密切的关系。一方面，科学管理需要运用电子计算机等先进技术作为管理手段；另一方面，先进技术设备的运用又要以科学的组织管理为基础。这不仅是因为技术与设备本身就存在着管理问题，更重要的是因为如果没有对档案工作的全面的科学的管理，再先进的技术设备也无法得到有效的运用。

（二）现代档案管理建设的外部条件

现代档案管理建设的外部条件可以分为几个方面，即经济条件、科技条件和社会档案意识等方面。

第一，经济条件。进行现代档案管理建设，首先涉及的是一个经费投入的问题。无论是采用现代化的技术设备，还是改善档案库房保管条件，都离不开资金，尤其是数字档案馆的建设，更是以经费的大量投入为前提的。然而，档案部门是以国家或地方财政拨款为主要资金来源的，因此，现代档案管理很大程度上要受到国家和地方能够提供的资金数量的制约。

第二，科技条件。现代档案管理是以高科技手段为基础的，因此，科技的发展也决定着现代档案管理的进程和水平。

第三，社会档案意识。档案意识是指人们对档案和档案工作这一客观事物的主观反映，也就是人们对档案的性质和价值的认识，对档案工作的性质、地位和作用的认识。档案意识，包括社会上对档案和档案工作的认识，也包括档案工作者对档案和档案工作的认识。

档案意识对现代档案管理乃至档案工作的发展起着主观能动性的作用。事实证明，档案工作水平高、现代档案管理进程快的地区或部门，都与该地区或部门的正确档案意识占主导地位有直接的关系，即利用档案意识强，重视档案工作和现代档案管理建设，特别是与领导对档案和档案工作的重视程度有更大的关系。

二、现代档案管理的支撑技术

现代档案管理是一个动态的概念，在不同国家、同一国家的不同历史时期都有不同的标准。根据我国的基本国情，也基于科学发展水平和档案工作的基本特点，我国现代档案管理的支撑技术如下：

（一）档案信息处理与计算机技术

一般来说，计算机技术运用于信息处理具有如下特点：运算速度快；计算精度高；记忆存储与逻辑判断能力强；采用"存储程序"工作原理；能自动连续地工作；通用性强，除用于各种数值计算外，还可广泛地用于信息处理、语言翻译、经营管理控制与智能模拟等。因此，借助于计算机在信息处理上的强大功能，在档案信息处理业务上，可以实现以下方面的功能：

1. 实现档案、文件一体化管理

档案和文件的管理一直以来都是组织和机构管理的重要组成部分。然而，传统的档案和文件管理方式往往需要大量的人力、时间和物力，容易出现信息冗余、丢失或不便捷的问题。随着计算机技术的不断发展，实现档案和文件的一体化管理已经成为一个至关重要的目标。这种管理方式以信息化、智能化和高效化为特点，可以显著提高工作效率，降低管理成本，同时也有利于信息资源的共享和利用。

（1）文档实体生成一体化。从文件的创造开始，确保文件的格式、结构和内容符合规范，可以迅速被归档和检索。这要求在文件的创建阶段就引入信息化和标准化的元素。

（2）文档管理一体化。这包括文件的存储、分类、检索和更新。一体化管理通过信息化存储、自动分类和智能检索，提高了文件的可访问性，减少了手动管理的烦琐性。

（3）文档信息利用一体化。确保文件信息可以被合理共享、分发和利用，以满足不同部门和个人的需求。这可以通过权限管理和集中式存储实现。

（4）文档规范一体化。制定一套档案、文件管理的规范和标准，以确保所有文件都符合一致的格式和质量标准。

2. 实现档案信息高速检索

档案信息检索问题，是一个影响到档案信息能否转化为有效信息并付诸现实使用的一个关键因素。计算机最显著的优点就是具有极高的运算速度与强大的逻辑判断能力，借助于这种优势，计算机能准确地将搜寻指针定位到符合检索特征的信息上。因此，在计算机支持的信息检索系统中，能迅速地多方位地查询到所需的信息，它令古来今往的所有手工检索系统都相形见绌。

与档案信息检索相关的档案编目问题，也因为计算机的介入而减少工作量。计算机一次输入，多次输出，以各种特征输出，正是解决传统手工编目多层介入但重复劳动过多的问题的良方；而档案自动标引的智能化运用，使得档案标引不再成为档案编目和检索的"瓶颈"。因此，运用计算机技术，将极大地增加档案信息转化为真正有效信息的可能性。

3. 实现自动化连续的管理工作

自动化连续的库房管理是一项重要的工作，可以通过计算机技术和先进的程序来实现。这一特性不仅可以提高库房管理的效率，还可以增强安全性和可追溯性。在档案管理领域，自动化连续的库房管理可以发挥重大作用，包括监视温湿度、记录空气清洁度、防火控制和警卫等方面。

（1）温湿度监视与控制。库房内的温湿度对于保存档案和文件至关重要。过高或过低的温湿度可能会导致文件受损或腐烂。计算机通过传感器实时监测库房内的温湿度，并根据预设的标准进行调整。当温湿度超出正常范围时，系统可以自动触发报警并采取相应的措施，如启动加热或降温设备。

（2）空气清洁度记录与分析。在库房内，空气清洁度对于文件的保存同样至关重要。灰尘、细菌和其他污染物可能会损害档案和文件的质量。通过使用空气质量传感器和过滤设备，计算机系统可以实时监测库房内的空气质量，并记录相关数据。这些数据可以用于分析和制定改进措施，以确保档案和文件的安全。

（3）防火自动控制。火灾是库房管理中的一大威胁，尤其是当档案和文件大量积累时。计算机系统可以与火灾探测设备集成，实现自动火灾监测和控制。当系统检测到火灾迹象时，它可以自动触发火警报警系统、灭火设备，同时通知相关人员，提高了火灾发生时的响应速度和效率。

（4）自动警卫系统。库房的安全性也是一个关键问题。计算机可以用于自动化警卫系统，包括监控摄像头、入侵检测器和门禁系统。这些系统可以实时监控库房的安全性，并在有异常情况时发出警报。此外，存储在计算机中的日志记录可以帮助审查和调查潜在的安全事件。

4. 档案信息表现的多元化

传统的档案材料，其记录信息都是平面的，文字、图像、声音等不同载体的信息难以有机地结合起来。而运用计算机与多媒体技术，所有的信息都能以信息化的形式存储，能做到图、文、声、像并茂，极大地强化了多元化信息的记录功能与显示功能；而且更有前景的是能随心所欲地从一种媒介转换到另一种媒介。因而，档案部门借助于这种功能，既可以使档案信息数据库的数据形式多元化，也可以使档案编研成果以强有力的表现形式，吸引利用者的注意力，给沉闷、形式单一的档案信息贴上吸引人的"标签"。

另外，计算机技术是信息技术运用和发展的基础，只有凭借计算机技术，我们也才能谈论档案信息的网络传递、海量存储、动态处理、档案实体保护等高科技运用问题。因此，计算机技术的运用程度，是现代档案管理实现程度和成熟程度的一个重要标志。

（二）档案信息传递与网络技术

档案信息传递与网络技术，指的是运用现代通信技术和网络技术，实现档案信息远距离的无障碍传递和交流。

畅通无阻地进行信息的远距离传递和交流，一直是我们信息管理的目标。在现代信息技术运用之前，我们一般采用信息介质交换、电话、电报等形式进行信息的传递和交流。这些形式有很大的局限性，信息传递时受地理条件、时空因素的影响也很大，而且一般只能传递单一表现形式的信息内容，如电话传递的是语音信息，电报传递的是有限的文字信息。

现代信息技术如计算机技术、通信技术和网络技术的广泛运用，为信息传递和交流带来了福音。信息化的信息，可以借助于四通八达的网络，消除所有的交流与传递障碍。因而，信息因计算机技术运用——信息化生存的结果，必然导致信息网络化生存和虚拟化生存。

在档案部门可以建立不同形式、不同程度的网络，如单位内部的局域网，地区、行业内部的广域网，还可以利用国际互联网，使不同范围内的利用者共享计算机管理的档案信息资源。从局域网到广域网直至国际互联网，可以让各级各类档案馆和面广点多、星罗棋布的档案室，达成档案信息的机关（企业）内部通联、地区通联、档案系统行业通联、国内通联，乃至国际通联。

（三）档案信息存储与计算机存储系统

档案信息存储与计算机存储系统指的是运用现代信息存储技术，实现档案信息的海量存储。随着档案文件数量的飞速增长，档案馆（室）面临着沉重的库房压力问题，迫切需要用新的信息存储形式来缓解这一压力；另外，档案的自然老化与人为损害，也需要利用档案的另类记录形式来代替原件进行流通和提供利用；而更为重要的是，档案信息只有实现信息化生存，形成各种各样的档案信息数据库，才能借助于计算机技术、通信技术和网络技术，实现档案信息资源共享。

目前，解决档案的海量存储问题，主要借助于计算机存储与缩微存储两大技术。计算机存储系统分为磁盘存储与光盘存储两种形式。存储介质有软盘、硬盘、磁带、光盘等。尤其是光盘存储系统的运用，彻底地解决了档案信息存储的难题。

（四）档案实体管理与档案保护技术

档案是党和国家的宝贵历史财富，尽可能地减少自然老化因素对档案的损坏、延长档案的寿命是档案管理的重要内容，采用先进、科学、完善的库房设备与档案保护技术是现代档案管理的重要组成部分。保护档案文件、延长档案自然寿命的技术措施主要有三个方面：

第一，提高纸张、书写材料、磁性材料、感光材料等档案制成材料的耐久性，这在很大程度上取决于有关生产部门产品质量的提高。

第二，改善档案保管条件，这主要是指档案库房的建筑与内部设备。库房是保管档案的基本条件，科学的库房建筑应选址得当，结构坚固，开间合理，具有较好的防辐射、防尘、防火、防光、防盗、防虫等性能，应达到国家档案局颁发的规范的标准。库房内应配备恒温恒湿、除尘、自动照明、自动灭火、监控报警、档案传输等设备，使库房管理由机械化、半自动化向自动化过渡。在这方面，计算机技术可以发挥很大的作用。

第三，提高对档案进行物理、化学处理的技术，其中对档案有害生物的防治、去酸、加固等技术都要达到较高的水平。

第三节　现代档案管理的全面革新

在现代信息技术飞速发展、人类社会全面进步的今天，先进技术和先进管理理念的广泛引入，为现代档案管理开创了大好前景，但同时也使得文件与档案管理工作不可避免地面临更多更新的问题与困惑。

信息化是一场革命，信息化带来了档案管理的变革。档案工作是一项实践性和操作性很强的管理工作，现代信息技术的发展和应用对文件和档案管理领域的影响异常全面且深刻。它就像一把双刃剑，一方面，使文件与档案工作效率提高，使档案信息的获取与利用更加方便快捷；另一方面，诸多前所未有的、严峻的挑战层出不穷，管理对象的信息化、管理手段的现代化、管理模式的多样化，使档案管理的理念、对象与方法需要全面更新。

一、管理对象的更新

随着现代信息技术的广泛应用，电子文件大量产生，其重要性和利用的方便性日益凸显。电子文件归档后形成的数字档案在档案管理中所占的地位和比重也迅速上升。电子文件作为一种新型的记录形式，异于传统的纸质文件。它是在信息化环境中以二进制数字代码的形式生成、传输和处理的文件。这决定电子文件既具有与其他种类文件一样的本质属性，又具有截然不同的技术特性，如对网络与信息系统的依赖性、文件内容的易改性和不安全性、文件信息与特定载体的可分离性、载体的不稳定性等。一份完整的电子文件，不仅包括内容信息，还包括元数据和背景信息。可见，信息时代背景下文件与档案工作管理对象发生了巨大变化，管理对象呈现出信息化的新特征。

二、管理手段的变革

档案管理对象的信息化必然要求其管理手段的相应变革。采用网络化、信息化和数字技术等管理手段，是电子文件获得有效管理和安全控制的重要保障之一。档案管理领域中现代化管理手段主要体现在：利用计算机技术有效处理电子文件，利用网络和数字通信技术快速传输电子文件，采用现代数据库技术有效存储海量电子文件，运用信息化技术对传统载体文件进行信息化处理，应用现代信息检索技术方便快捷地查询、浏览和检索电子文件，利用诸如身份认证技术、数据加密技术、防火墙技术、数字签名技术、数据备份技术等信息安全管理技术确保电子文件和网络信息系统安全等。

三、管理方法的革新

随着电子文件的大量产生与归档，文件和档案管理方法也因此而发生重大变革。毋庸置疑，传统的档案管理方法在管理传统载体档案方面是可行的、有效的，确保了传统档案的安全完整、真实可靠和有效利用。然而，在电子文件时代，要确保电子文件的安全可靠、真实完整、长期可读，如果完全沿用传统的档案管理方法已经很难行得通了。随着现代信息技术的运用，在档案管理方法上，改变传统的文件与档案管理工作流程，依据电子文件和档案管理工作的业务流程的变化、管理信息系统的特点对传统的档案管理业务流程进行重组，某些工作环节需要提前监控，某些重复性的工作环节需要撤销合并等。

第四节 现代档案管理的提升策略

档案管理在现代社会中扮演着重要的角色，它不仅是组织的重要资产，还是信息保护和合规性的核心组成部分。"档案管理基础工作的完善，可以使现代档案管理工作更好的运作，我们要充分重视档案管理基础工作。"[①]

一、明确管理目标，细化基础内容

作为事业单位管理者，重视单位现代档案管理建设能够提升档案管理效率和水平。

第一，根据单位发展情况与经济能力，做好档案管理信息化平台的建设与管理，不仅能适应档案技术发展，而且能够提升档案信息管理部门人员的工作水平与职业素养。针对目前单位档案管理存在的问题，可以学习引进一些先进的档案管理模式与技术，提升单位档案管理有效性。

第二，制定清晰的档案管理基础工作目标，对工作内容进行详细分析，保证员工了解档案管理工作的发展目标，并根据时间跨度与档案管理工作需求做好档案管理工作项目的汇总与管理。积极引进复合型档案管理人才，熟练运用计算机技术完善信息化数据档案库系统。

---

① 毛英女. 档案管理基础工作在现代档案管理中的重要作用 [J]. 今日财富，2018，（15）：194.

第三，可根据发展需要，制定一些适合档案管理部门的内部考核机制，厘清责任划分与工作完成标准，避免员工由于工作懈怠等因素，造成档案管理工作的失误，相对应，对一些具有创新管理能效的员工，也应当给予奖励，尤其是当员工通过工作努力与技术创新提升档案管理有效性的情况下，利用榜样作用与奖励机制能够激发员工的工作积极性。

二、加强档案管理工作的整体性和系统性

完善档案标题关键词的区分工作，有效提高档案查找的准确性和便捷性。另外，建立档案的关联数据库也是提高档案检索速度的有效途径，一个包含档案管理基础数据的信息库是整个档案管理工作系统高效运行的有力保障。

为了使档案管理基础工作不断向现代化发展，单位需要积极引进现代化的信息技术和管理方式，从整体上提高档案管理标准，在更高层工作标准的指导下，使档案管理工作者可以充分发挥主观能动性，更加细致地对档案信息进行管理。

三、合理运用信息技术手段，建立智能化档案信息系统

传统的档案管理系统为了信息内容的精确性，存在较多的管理权限与束缚，现代化信息技术系统的应用，为档案管理提供了更多发展可能性。其中一些档案信息的处理与更新，可以利用事业单位内部的档案信息系统进行智能化处理，在提升管理效率的同时，也能够实现操作的透明化，避免一些不合理操作影响档案信息质量。

第一，对事业单位内部员工的一些基础数据信息，档案数据系统可以赋予员工一定的更新操作权限，来缓解档案管理工作人员工作压力、提升工作质量的同时，保障档案信息管理有效性；针对一些机密信息数据，可以利用设置安全管理与应用权限的方式进行更新完善，尤其是一些档案信息在更新期间，利用档案信息管理系统设置的提醒功能，能够避免员工由于资料提交效率较低影响档案管理效率。

第二，对档案管理信息系统要设置监管权限，档案信息管理部门要对员工自行录入信息进行准确审核，档案信息系统要设置系统校核和筛查功能，以便于错误信息及时更正；对已经过审核和校验的信息在确保准确的前提下，要进行锁定，此类信息如需更改则需要经过各级档案管理人员审批。

第三，档案信息系统的设计要便于档案信息的提取与应用，在信息检索、数据统计等各环节，要达到充分、准确、便利的目标，从而体现档案管理的效率和水平。多元化的管理工作方式，在有效提高档案管理部门的基础工作质量效率，适应现代化工作管理趋势的同时，也能够通过信息档案管理系统的不断完善与智能化设计，保障档案管理工作人性化发展建设的有效性。

总之，信息化技术发展时期，事业单位需要适应现代化信息技术档案管理发展趋势，掌握先进档案管理技术，引进全能型管理人才，在有效提升档案管理基础工作质量效率的同时，实现人才队伍的建设与拓展。通过多方位的管理优化，建立事业单位完善的档案信息管理系统，不仅能够有效提升事业单位的档案管理工作服务水平，也能够确保档案工作人员高效完成工作任务，完成事业单位现代档案管理工作发展目标。

四、加强基础设备设施建设，实现信息化建设管理目标

现代化技术的发展为档案管理基础工作提供了较多的便利性，适应信息化技术发展趋势，做好信息档案管理系统建设，能够提升事业单位信息化管理水平与档案管理质量。

根据档案室建设现状，有必要引进一些信息化设备设施。其中，一些电子监控设备与智能管理信息系统，能够有效提升档案管理的安全性。开设专门的档案管理中心，在避免档案文件经常调动受损的同时，也能够为档案管理工作人员提供开阔的工作空间。另外，事业单位可以结合单位的综合信息数据系统，完善档案管理信息系统，在有效划分档案安全管理等级的同时，运用一些安防技术与监控管理技术手段提升档案管理安全管理水平。

五、提高工作者的专业素质，建设人才队伍

单位要加强对档案管理者的专业培训，强化工作人员的专业观念，帮助档案管理者清楚地认识到档案管理基础工作的重要性。在实际工作中，档案管理者也要准确规范地对档案进行分类、整理和登记，做到分类有据、整理认真和登记准确。单位要想加强档案管理基础工作，还要加强对相关工作人员责任心的培养，使其在进行档案管理基础工作时能够始终做到细心和耐心。

档案管理工作人员的工作能力与态度直接决定事业单位档案管理基础工作的有效性，在实际工作中，做好管理人员的技能培训与队伍管理，不仅能够提升档案管理水平，也能够确保现代档案管理质量与效率。

第一，科学划分档案管理部门工作人员的职业能力与技能水平，针对不同工作内容合理分配工作任务。对于一些工作年限较长，学习适应能力较差的工作人员，可以利用其实际管理经验与职业素养，分配一些需要审核管理的工作内容。另外，可以适当安排一些老员工对新员工进行培训，帮助新员工快速掌握档案管理中的注意事项、提升档案管理工作经验；针对一些现代化操作技能水平较高的复合型人才，可以让有能力有担当的员工担任信息技术档案管理工作，提升单位档案管理信息技术建设效率。

第二，根据事业单位发展需求，聘请专业档案管理教师开展培训管理讲座，或者组织单位员工到专业的培训机构进修，不仅能拓宽员工的眼界，也能提升员工的职业水平与专

业素养；针对单位档案工作发展管理规划，完善档案管理建设框架，适当引进一些先进技术管理手段，打造专业档案技术管理人才团队，提升事业单位内部的档案管理水平。

六、引进和运用现代管理理论的基本原理

现代管理理论是关于管理现象与规律的科学理论，是对管理活动的科学概括和总结，是普遍适用于社会各领域的管理活动，能有效提高管理活动的绩效。档案工作作为一项基础性的管理活动，要求档案工作者准确理解和把握现代管理理论的基本原理，适当加以引进，并针对档案管理的自身特点和实际情况，灵活运用到实际工作中，提高管理水平和效率。

从现代档案管理的对象来说，档案本身是一种特殊的信息资源，档案管理也是信息资源管理的一部分。这要求档案工作者要以信息管理的理念来开展档案管理和服务工作。知识经济时代的到来，使知识管理成为知识经济发展的依托和知识创新的手段，也要求档案工作者从实体管理转向关注档案信息的知识管理与知识服务。电子保管系统与数字档案馆的出现，为现代档案管理增添了新的内容，要求我们档案工作者在开发档案管理系统和开展数字档案馆建设项目时，要运用系统管理和项目管理原理。此外，现代档案管理已经不是简单的操作性事务，还涉及人员、系统、体制、与外部的关系等相关内容。所以，人力资源管理、组织管理、绩效管理、客户关系管理、项目管理等现代管理理论的基本原理也必须引入现代档案管理中。

在现代社会日新月异的大环境中，现代管理的各种新思想、新观念也层出不穷，档案工作者要立足本职工作，学习现代管理知识，提高管理技能，汲取现代管理理论的精华，与现代档案管理进行融合，开拓创新。否则，必将使档案部门的整体管理水平滞后于其他部门管理工作的平均水平，甚至不能胜任现代社会交托给档案部门和档案工作者的职责和任务，影响到社会对档案管理工作和档案职业的评价，进而导致档案部门与档案工作者社会地位的下降。

总之，档案工作者要善于引进和运用现代管理理论的基本原理，密切关注现代管理科学的前沿，更新管理理念，丰富和发展档案管理理论，更好地指导现代档案管理工作的开展。档案工作者要抓住机遇，适应时代的变革，不断为现代档案管理注入生机与活力。

第三章 现代档案信息化建设的发展与优化建设

第一节 现代档案信息化的发展阶段

"随着信息技术的快速发展，档案信息化建设成为档案事业现代化建设的必经之路。"① 我国的档案信息化建设是在信息技术日新月异、国家信息化战略不断推进、电子政务建设迅猛发展的多重背景下发展起来的。其中，信息技术是档案信息化的前提和基础。认识信息化和信息技术的基本概念和知识，有利于把握档案信息化的基本规律，克服盲目性，提高自觉性，增强对信息化战略的执行力。现代档案信息化的发展阶段可以分为以下三个阶段：

一、起步阶段

我国档案信息化的起步阶段是 20 世纪 70 年代末到 20 世纪 90 年代初，其特点如下：

（一）档案信息化推进方式为自发式

我国的档案信息化最早出现在个别单位的自行研究和试验中，并非全国层面统一进行的。1979 年，以中央档案馆和国家档案局为代表的一些机构开始陆续购买计算机设备，并陆续开展了对计算机在档案管理中的应用研究工作和可行性论证工作，还逐步开展了档案管理实验性应用系统的开发工作。我国档案信息化就是由此起步的。

（二）以单机系统为主要的技术工具

时光倒流至 20 世纪 80 年代初期，我国的档案管理领域，信息技术的装备和应用方式可谓是划时代的变革。当时，单机系统主导了档案信息化的发展，而研发出的档案管理软件也只存在单机版本。这个时代，正是我国档案信息化发展的起点，因此有了一个显赫的

---

①姚艳丽．浅析现代信息技术在档案信息化建设中的作用［J］．经济研究导刊，2016，（26）：123-124.

（三）拓展辅助管理软件功能，改进传统档案管理方法

在档案信息化成长阶段，档案辅助管理软件的建设是一个不可回避的重点。条形码、二维码、网络多媒体等层出不穷的新技术，使档案辅助管理软件的功能不断拓展，具体表现在以下方面：

第一，在起步阶段，档案辅助管理软件是以单机版的形式存在的，后来发展到了客户机/服务器模式，再后来又发展到了浏览器/服务器模式，也就是网络版的档案辅助管理软件。网络版的档案辅助管理软件能够实现互联互通，与其他应用系统相连接。

第二，档案辅助管理软件从档案的编目和检索，逐渐发展到档案的归档和立卷，乃至库房管理等工作环节。

第三，档案辅助管理软件的检索功能从之前的机读目录自动编目和联机检索两个功能逐渐发展为档案全文信息的存储与检索功能。

第四，以往的档案辅助管理软件处理的只是一般的文本和数据，后来逐渐发展到对文本、图像、音频和视频等多媒体档案信息的综合性处理。档案辅助管理软件的革新归根结底是档案管理方法的革新。在先进的计算机技术的辅助下，用户没有必要逐个检索实体档案，实体档案内部各个要素之间的联系也逐渐淡化，这对于传统实体档案的处理来说是一个好消息。

第五，档案辅助管理软件还有文档一体化的功能，该功能可以同时完成登记归档、分类立卷等诸多步骤，不必像以往一样逐个进行。

（四）档案信息化建设中电子文件管理的发展

在20世纪90年代中期，产生了大量的电子文件，如果还按照传统的方法管理这些电子文件，档案的原始性和可靠性就会降低，甚至可能无法满足用户最基本的检索和查阅需求。因此，电子文件的产生对于整个档案界来说，无疑是一个巨大的挑战。

在档案信息化的成长阶段，由于被管理的电子文件不具备独立的文件属性，在处理的过程中或者处理完毕之后，必须打印出电子文件的纸质版本，将二者共同保存，这在一定程度上使得电子文件管理方式的科学性受到折损。不过，这一弊端很快就得到解决，有关部门探索了电子文件的全程管理，使得文档一体化的发展得到深化，一些纸质文件和电子文件一体化管理软件也逐渐出现，并受到了人们的欢迎。

三、提升阶段

进入21世纪之后，信息化在国家层面得到前所未有的重视，并且被提升至战略的高

度上，使档案信息化拥有一个适宜的发展环境。在庞大的需求量下，档案信息化的规模和质量不可同日而语，人们的档案信息化意识也得到提高，档案信息化的方法也得到改善。

（一）档案信息化开始整体推进

在 21 世纪初，我国发布了《全国档案信息化建设实施纲要》，明确指出了在全国范围内进行档案信息化建设的目标和主要任务。这份文件的出台也标志着在我国开始从国家层面制定档案信息化的整体规划。之后，我国又推出了国家数字档案资源融合共享服务工程，在宏观层面进一步推进了档案信息化的发展。有了中央的示范与引导，各个地方档案行政机关也专门制定了符合当地情况的档案信息化相关规划。

（二）信息化投入增加，信息基础设施进一步完善

随着人们对档案信息化的重视程度不断提高，对档案信息化的投入也开始增加。各地、各行业都有多项投资不菲的馆藏信息化、电子文件管理、数字档案馆项目立项，有些项目的投入金额甚至达到数百、数千万。由此可见，档案信息化建设的外部条件得到较大改善。

（三）数字档案馆成为新的发展焦点

数字档案馆的建设离不开三股力量的推动：一是馆藏信息化；二是电子文件管理；三是档案信息服务网络化。在网络环境高度发展的情况下，数字档案馆成为档案信息整体处理的最佳模式。

从管理对象的角度来看，数字档案馆涵盖的档案类型十分齐全，既包括所有种类的档案信息资源，又包括信息化的档案、相关的电子文件以及其他加工信息。

从技术的角度来看，数字档案馆融合了多种技术，由众多分系统构成，如档案辅助管理系统、电子文件管理系统、档案网站等。

从建设目标的角度来看，数字档案馆的建设目标是让所有的档案信息都能够长时间、完好无损地保留下来，并且将有价值的信息进行共享以及提供相关的社会服务。

从建设内容的角度来看，建设数字档案馆是一个长期、系统的工程，必然会遇到一系列的问题，包括数字档案馆标准和规范的制定、相关机制体制的构建、基础设施的建设、应用系统的开发等。

（四）培养档案信息化人才，提升社会服务水平

在 21 世纪初，出现了一批专业的档案信息化教材，如《档案计算机管理教程》《电子

文件管理教程》等；同时，各个开设了档案专业的高等院校也逐渐在专业课程中加入了档案管理软件设计、计算机管理和电子文件管理等相关专业课程，为培养出可堪大任的档案信息化高素质人才奠定了基础。

在档案信息化推行过程中，基层单位和档案行政主管部门开始主动出击，就档案信息化进行对外咨询。他们的主要咨询对象是专业的信息化公司、高等院校和相关领域的研究机构，主要咨询问题是档案信息化具体方案的设计和整体、全面的规划。与此同时，我国档案管理系统行业逐渐呈现出扩大的趋势，逐渐形成了社会服务体系。

第二节　现代档案信息化的意义与原则

一、信息化与档案信息化概述

(一) 信息化基本概念

1. 信息

信息有广义和狭义之分。广义的信息（指本体论）是指事物存在方式和运动状态的表现形式。在这一层次上定义的是最广泛的信息，既包括自然信息，如鸟语花香、冬去春来；也包括社会信息，如政治信息、经济信息、军事信息、文化信息、科学技术信息、社会生活信息。

狭义信息（指本体论）是指人所感知或表述的事物存在方式和运动状态。"感知"是外界向主体输入信息；"表述"是主体向外界输出的信息。本体论层次上的信息是客观信息，不以人的存在为前提。主体论层次上的信息建立在人的意志基础上，是人的认识、感知、理解、表达、传递能力的产物，用于特定目的，因此，其内涵要比本体论层次上的信息丰富得多。

档案信息属于主体论层次，是人按照自己的意志，在对本体信息效用价值判断的基础上有选择地感知、存储和表述的信息。信息技术的发展，极大地拓展和增强人对本体信息的感知和表述能力，档案信息化应当充分利用信息技术的强大功能和技术条件，增强人类对社会记忆信息的掌控和驾驭能力。

2. 信息技术

档案信息化的物质基础是信息技术，全面认识信息技术是档案信息化建设的前提条件。信息技术是指完成信息的获取、传递、加工、再生和利用等功能的技术。它是一门综合性很强的高新技术，包括以下四项基本内容：①感测技术，它是人的视觉、听觉、触觉等感觉器官功能的扩展，使人们能更好地从外部世界获得各种有用的信息。②通信技术，它是人的神经网络功能的扩展，其作用是传递、交换和分配信息，消除或克服空间上的限制，以便更有效地利用信息资源。③计算机及人工智能技术，它是人的思维器官记忆联想计算功能的扩展，使人们能更好地存储、加工和再生信息。④控制技术，它是人的效应器官（手、脚、口）功能的扩展，它是根据输入的指令对外部事物的运动状态实施干预，实现信息的效应。

3. 信息资源

信息资源也有广义和狭义之分。广义信息资源是指人类在社会信息活动中积累起来的信息、信息生产者、信息技术等信息活动要素的集合。狭义信息资源是指人类社会活动中经过加工处理后达到有序化并大量积累起来的有用信息集合。

随着信息技术，特别是互联网的普及，人们实实在在地感受到了信息的普遍性和价值性。将信息看作并转换为一种资源，是对信息或信息活动相关要素价值性高度认可的表现，是当今社会的一种先进意识。同时，从上述概念可以看出，不能随意地将信息称为信息资源。信息的资源化是有条件的，这种条件同样适用于档案信息资源。因此，我们在从事档案信息资源的建设时，也需要"有序化"和"大量积累"，并且要将与信息有关的信息生产者、信息技术等要素一并纳入信息资源建设和管理的范畴，实现信息资源体系的整体优化和信息资源价值的最大化。

4. 信息化

信息化是指社会经济结构从以物质与能源为重心向以信息与知识为重心转变的过程。也就是在经济和社会活动中，通过普遍采用信息技术和电子信息装备，更有效地开发和利用信息资源，推动经济发展和社会进步，使利用信息资源创造的劳动价值在国民经济生产总值中的比重逐步上升，直至占主导地位的过程。因此，信息化不是一种固定的状态，而是一个动态变化的过程。这个过程有着丰富的内涵，包含以下内容：

（1）网络化是信息化的支柱。网络化是指利用通信技术和计算机技术，把分布在不同地点的计算机及各类电子终端设备互联起来，按照一定的网络协议相互通信，以达到所有用户都可以共享软件、硬件和信息资源的目的。

（2）三个层面。

第一，信息技术的开发和应用过程，这是信息化建设的技术基础，信息技术的开发和应用是信息技术与档案工作有机结合和融合的过程，在很大程度上影响档案信息化发展的效率和质量。

第二，信息产品制造业不断发展的过程，这是信息化建设的物质条件。信息产品包括计算机软硬件和网络产品，它在很大程度上决定档案信息化平台建设，也进而决定档案信息系统建设的水平。

第三，信息资源的开发和利用过程，这是信息化建设的核心与关键。档案信息资源是档案信息化管理和利用的对象，其本身的规模和质量，以及潜在和显性的价值，决定档案信息化的效率和效益。这三个层面是相互促进、共同发展的过程，需要全面、协调、持续地投入和发展。在档案信息化建设过程中，需要建立档案信息化发展长效机制，充分利用和平衡这三个层面的互动关系。

（3）四个特点。

第一，渗透性。信息化可以渗透并融入人类社会生活的各领域，深刻改变人类的工作、学习、交流、生活等方式。

第二，增值性。信息化可以实现信息的增值，使信息转变为信息资源，进而转换为知识，通过网络共享，广泛地传递信息、传承文化、传播知识，不断提升信息资源创造的社会价值和经济价值。

第三，创新性。一方面，信息技术的应用能够带来管理观念、管理理论、管理方法和管理手段的全面创新；另一方面，管理观念、管理理论、管理方法和管理手段的全面创新也将提高信息技术的应用水平和应用效能。

第四，带动性。信息化可带动档案行政管理和档案业务管理水平的全面提升。

档案信息化不是简单地用计算机替代传统的手工作业，其本质上是档案工作和信息技术的结合，其成功与否也取决于两者的融合，这种融合从概念到实践都是一场深刻的革命，赋予两者崭新的内涵。

（二）档案信息化的内涵

第一，树立强烈的效益意识。档案信息化不能徒有虚名，而要遵循经济规律，力争取得务实的效果。当然，档案信息化很难估量直接的经济效益。但是，在产出效果方面，要努力追求社会效益、长远效益。要树立大目标，不能满足于一般的省人、省事、省力，而要致力于解决传统档案管理中遇到的收集难、著录难、整理难、保管难、内容检索难、多媒体编研难，以及电子文件的保真、保密、保用等老大难问题，力争提升档案科学化、规范化的管理水平和服务水平，在促进社会改革开放、经济发展、文化繁荣以及法治化、民主化进程中建功立业。

第二，在法规、制度、标准方面建立相应的保障体系。信息技术的应用必然向传统的保障体系提出全面的挑战。只有根据信息技术的特点和应用要求，不断制定和完善档案管理的法规、制度、标准、规范，才能确保档案信息系统的科学建设和有效运行。

第三，必须由档案行政管理部门统筹规划和组织实施。档案信息化不是单纯的计算机应用，也不是具体的档案业务，而是事关全局和影响深远的复杂的系统工程。这需要人才、设备、资金等方面的支持，需要全面、持续、稳步地推进，并需要经历较长的完善过程。因此，档案信息化不能各自为政、分头建设，而必须由各级国家档案行政管理部门建立统一的规划制度、规范、标准，实行宏观管理和监督指导。同时，需要精心组织实施，在技术平台、网络体系、组织机构、人才队伍、资源建设、基础业务、建设经费等方面提供保障，才能确保这项事业持续有效地开展。

第四，以档案信息资源建设为核心。从某种意义上说，档案信息化的核心目标是使档案信息资源化，即将档案信息转换为真正意义上的档案信息资源。资源化不是简单地将档案信息做信息化处理，也不是简单地将其放到网络上传输，而是应用信息技术，使档案信息媒体多元化、内容有序化、配置集成化、质量最优化、价值最大化，通过档案信息系统的加工处理，确保各种社会信息的真实、完整、有效，便于跨越时空广泛地共享利用，在实现档案信息增值的同时，承担起传承人类记忆的历史使命。

第五，必须全面应用现代信息技术。信息技术具有强大的潜能，只有全面、成功的应用才能真正转化为生产力。所谓全面应用，有三层意思：一是与档案工作有关的各个工作部门和人员都要参与应用，而不是仅靠档案业务人员应用；二是应用于档案全过程管理的各项业务，而不是只应用于单项业务；三是引进、消化、吸收各种先进、适用的信息技术，并不断跟踪和应用新兴的信息技术，使信息技术真正成为档案事业发展的不竭动力。

第六，必须改革传统的档案管理模式。传统的档案管理模式建立在手工管理基础上，必然会出现与信息技术应用不相适应或不相匹配的问题。应当不断改革传统的档案管理模式，适应信息技术环境下的新型档案管理模式，而不能消极地让新技术适应传统的档案管理模式，这样才能最大限度地发挥信息技术应用的效能。

第七，必须建立高素质的档案信息人才队伍。档案信息化是档案专业、信息专业和计算机专业的结合，属于技术密集和知识密集型专业。传统的档案干部队伍结构和人员知识结构已经不能完全适应档案信息化的需要。档案部门缺乏档案专业和信息技术专业的复合型跨界人才，特别是中、高级信息技术专业人才，这已经成为制约档案信息化深入发展的瓶颈。因此，一方面，要引进和培养相关人才；另一方面，要通过建立有效的激励机制，鼓励档案人员学习信息技术知识，提升档案信息化水平。

（三）档案信息化的发展原则

档案信息化具有重要的意义，要想实现档案信息化快速、稳定的发展，必须坚持以下原则：

第一，注重效益。档案信息化良好发展的前提是确保效益，具体表现为：一是具有比较合理的投入和产出比例；二是在工作成果方面具有可持续性。在档案信息化推进过程中，无论是国家还是地方都投入了不少的资金，但是这些资金的作用没有得到充分的发挥。此外，档案信息化走了不少的弯路。遵循注重效益的原则，对档案信息化进行较为科学的规划和控制，保证投入的资金能够得到有效的利用，以此推动档案信息化实现可持续发展。

第二，统筹规划。要想坚持注重效益的原则，就必须进行统筹规划。档案信息化是一个长期的、系统性的工程，有着众多的要素，投资也非常大。在具体的工作过程中，需要将各个方面的积极性充分调动起来，尽可能避免出现重复建设和盲目建设的情况，将损失降到最低；还要促进各个部门之间的信息交换和信息共享，使各级部门的档案信息化水平得到提高。为此，需要在较高的层面上，对档案信息化各个阶段的具体目标、具体任务和具体措施进行总体规划和部署，步步为营，扎实推进；无论是中央还是地方，各个层面都需尽早开展档案信息化的规划并逐渐落实。

第三，需求导向。在档案信息化推行过程中，要注意满足档案管理、开发、利用方面的主要需求，从而解决在实际工作中容易出现的问题，使档案信息化项目的实际成果得到体现，扎实推进档案信息化工作。档案信息化过程包括从项目规划的开始到具体的实施，从档案信息化的法律法规建设到各种相关标准的制定，从档案信息化管理系统的设计开发到档案信息资源的构建。这些过程都应该秉持实事求是的原则，坚持以最实际的需求为导向，绝不能为了省事，不做实地调查就作出决策。

第四，保障安全。在以往以手工的形式开展档案安全保护工作时，保密是最主要的任务。这项任务在电子环境中依然重要，除了以往完全依靠手工操作防止泄密的任务之外，还需要防止电子文件中数据信息的丢失、失真以及由其他各种原因导致的信息不可使用的情况。

在档案信息化实现之后，档案安全保护工作的难度要远大于手工实体档案的时代。为了解决这一问题，国家层面需要加快建立健全相关的法律法规，利用法律这根准绳，建立一个全国统一的标准，在此基础上加强信息化时代下档案信息的保护工作。这样一来，可以使档案信息的开放与保密之间的关系得到正确、有效的处理，多管齐下地搭建起一个完整、严密的档案信息安全保障体系。

（四）档案信息化的内容

1. 环境构建

环境构建是指构建出一种适宜档案信息化的环境，为整个档案信息化的过程提供全面的保障。这项工作包括四方面的内容：①建立完善的档案信息化机制体制；②建立健全档案信息化的相关法律法规；③制定档案信息化的标准和规范；④培养专门进行档案信息化的人才。环境构建也被视为档案信息化宏观层面的管理工作。负责档案信息化环境构建的主要部门是中央和地方的各级相关主管部门，包括档案管理的行政部门、档案管理法规建设的立法机构、信息化技术的主管部门等。

（1）理顺管理的机制体制。档案信息化作为档案事业的重要组成部分，必须在一定的机制体制内运行。具体而言，各层级档案机构的工作应统一由国家档案行政机关掌管，由地方各级档案行政机关分别进行管理；对于一些专业性较强或者有特殊情况的档案，应由专业的主管部门负责管理。

档案信息化使得档案管理机制体制变得更加复杂，这一点具体体现在以下两个方面：①档案信息化是社会整体信息化的一个组成部分，其工作的推进必须经过国家、地方和行业三个层面的统筹兼顾，但是这种三方负责的机制体制目前尚未建立起来，政出多门的问题依旧存在。②目前人们对电子文件一体化的需求越来越迫切，为此档案机构和文化工作主管部门的工作要进行相互衔接，但是这项工作遇到了不小的阻碍。由于党、政、军三个系统有不同的文件工作主管部门，档案管理机制体制仍然存在多头指挥的现状。

（2）法规政策的健全。档案信息化是一项新颖的工作，该项工作的主要对象是具有新特点的档案。档案信息化使用的技术包括与电子化、自动化和网络化相关的高新技术，因此在工作方法和工作的具体内容上，与传统的档案管理工作相比发生了巨大的变革。这一变革涉及方方面面，因此在档案信息化的过程中不可避免地会产生许多新的问题。新问题的解决需要采用不同的方式，如涉及权利和义务之间的关系时，需要用相关的法律法规进行规范；涉及档案工作的定位和发展途径时，需要国家层面的政策提供引导和支持。在现阶段，档案信息化最迫切的工作是获得相关政策的支持，这需要国家将档案信息化作为整个社会信息资源开发利用的重要一环，并将其纳入各个层级的信息化发展战略当中，并及时制定档案信息化的相关上层规划。

（3）标准规范的制定。在推进档案信息化的同时，还要同步进行档案标准化，甚至在推进档案信息化之前就进行档案标准化。

（4）社会服务体系的完善。档案信息化是一个系统性的工作，也是一个庞大的工作，单靠档案馆和相关档案机构是难以完成全部的档案信息化工作的。因此，档案信息化工作需要社会多方参与、共同努力。促成档案信息化的主要社会力量包括用于管理档案的计算机软硬件的提供商、档案信息化网络安全服务商、相关咨询机构、开设了信息技术相关专业的高等院校、相关领域的科研机构、负责档案管理的行业协会等。为了促使这些社会力量加入档案信息化，政府相关部门应加快出台相关的办法，制定相关的标准并投入一定的资金。

（5）人才的培养。随着经济社会的不断发展，档案管理和信息技术的相关专业知识也在不断地发展，这对人才整体素质提出了更高的要求，不仅需要一大批具有深厚扎实档案专业理论知识的人才，还需要一大批精通计算机、网络、数据库、多媒体、缩微等高新技术，以及懂管理、勇于创新的高素质复合型人才。只有这样才能适应新形势的需要，为档案信息化建设提供强有力的人才保障和技术支持，才能最大限度地满足社会各行各业对档案利用的需求，不断开拓档案事业的新局面。为此，在实际管理当中，要重视对档案信息化人才的培养，健全档案信息化人才培养计划，加强对档案信息化人才的考核和反馈，最终提高档案信息化水平。此外，在培养出优秀的档案信息化人才之后，还要保证有足够广阔的发展空间和发展前景，从而将人才留在档案管理领域。

2. 资源建设

档案信息化的资源建设包括创建档案的信息资源、对档案信息资源进行管理、设计档案信息系统并进行相关的维护和管理工作。可以将资源建设当作档案信息化微观层面的操作工作。负责档案信息化资源建设工作的主要是各级国家档案馆和相关单位的档案室。

（1）资源创建。资源创建是指通过各种手段形成数字档案及其加工信息的过程。这里的数字档案及其加工信息被统称为"档案信息资源"，这些信息以二进制代码存在，可以在计算机上进行处理，也可以通过网络传递。档案信息资源，是档案信息化工作的立身之本，根据信息的加工程度，可以将信息分为原文信息、目录信息和编研信息。原文信息比较容易获得，可以在计算机系统中直接生成，也被称为"电子文件"或者"电子档案"，主要有文本、图像、音频和视频等形式。计算机系统中一般都有机读目录，其存在形式主要是数据库。机读目录的来源主要有两种：一是人工输入；二是在捕获文件的过程中形成元数据，再根据这些元数据自动生成机读目录。构成机读目录的基本元素就是目录信息。编研信息是在档案原文信息和目录信息的基础上形成的。在数字环境下编研的信息，无论是在种类上还是表现形式上，都具有多样化的特征，这是传统的编研信息无法比拟的。

（2）资源管理。在一份档案信息资源创建之后，必不可少的工作就是对其进行有效的管理，以维护档案信息资源的真实性、完整性和可用性。档案管理工作的具体内容要根据档案信息资源的种类进行确定。近年来，信息技术领域的发展日新月异，新旧技术之间的交替愈发频繁，这就导致数字信息十分容易失真和丢失，也有可能无法进行识读，这是国际范围内信息资源领域相关理论研究的重点，也是档案信息化的难点。

（3）资源服务。通过一定的方式，将档案信息资源提供给用户利用就是资源服务。在过去，传统的档案资源服务主要由用户亲自到相关档案机构进行阅览，或由相关档案机构提供出借服务。在网络信息化时代，提供档案资源服务的主要方式或途径是网络。各层级的档案机构可以在互联网中建立自己的官方网站，为用户提供档案信息的目录检索服务、档案原文的浏览服务和在互联网中的展览服务等。

（4）系统设计与管理。系统设计与管理是指对档案管理系统进行设计、实施和维护工作。在档案信息化的过程中，系统设计与管理是一个重要且富有特色的内容。从本质上讲，档案管理系统是一个计算机系统，其最主要的功能是管理档案信息资源，主要由硬件基础设施、操作系统和数据库管理系统组成。

系统设计与管理的任务主要是购置档案信息化需要用到的计算机服务器等基础设施，部署路由器、交换机和防火墙等网络安全运行需要的设备，开发和维护档案管理软件，确定存储介质和存储方案，确定认证、备份等安全保护技术等。其中，最主要的任务是开发和维护档案管理软件。

总之，档案信息化的环境构建和资源建设，二者相辅相成，缺一不可。环境构建是档案信息化的基础，资源建设是档案信息化的核心。一个科学的档案信息化机制体制、一套成熟的档案信息化法律法规、大量的档案信息化专业性人才、高水平的档案信息化服务，都是档案信息化快速发展的重要支撑和保障。

二、现代档案信息化的意义

档案信息化建设无论对于档案事业自身发展，还是社会信息化发展都具有十分重要的现实意义和深远的历史意义。

（一）满足社会信息化建设的客观要求

人类已经进入崭新的信息社会。信息化已经成为衡量一个国家、地区、企业或专业综合实力的重要标志，各行各业都在贯彻实施信息化战略。档案事业发展也必须主动适应时代潮流，搭上信息化快车，加快现代化步伐。

社会信息化包括政府、企业、家庭、社会保障体系信息化四大领域。这四个信息化都离不开档案信息化，因为这些领域的信息化已经或正在形成浩瀚的电子文件，这些新型文件打破了纸质媒体一统天下的局面，使信息的存储媒体、传播媒体、表现媒体呈现多元化发展态势。记忆是社会的宝贵财富，迫切需要实行档案化管理，即采用信息技术手段进行收集、整合、保管和共享利用，以提高其整合度，延长其价值链，保障社会的全面、协调、可持续发展。因此，档案信息化是时代和社会信息化发展的客观需要。

（二）促进档案工作现代化的必由之路

信息化与档案工作的结合，不仅能减轻手工劳动，提高工作效率，而且能全面优化档案工作的各个要素，全面提升档案管理水平。

1. "化"观念

（1）突破封闭、狭隘、守旧的观念。信息技术的应用是打破封闭、狭隘、守旧思维的有力工具。在信息化时代，档案工作者需要摒弃过时的观念，积极拥抱新技术，不惧困难，勇于面对挑战。只有这样，他们才能跟上时代的步伐，有效地处理日益增长的信息资源。

（2）推动开拓、开放、效益、效率和服务的先进意识。信息化为档案工作引入先进意识，包括开拓、开放、效益、效率和服务等概念。档案工作者应该积极应用信息技术，以提高工作效率，加强服务质量，并开放档案资源以满足广泛的需求。这将有助于档案部门更好地履行其职责，服务社会。

（3）弘扬追求理想、崇尚科技、奋力改革、务实创新、图存图强、团队作业的精神风貌。信息化时代需要档案工作者具备追求理想、崇尚科技、奋力改革、务实创新、图存图强、团队协作的精神。只有通过这些价值观的引领，他们才能充分发挥信息技术的优势，为档案事业的不断发展作出贡献。

（4）营造尊重知识、尊重人才、鼓励创新的社会氛围。信息化也促使社会营造尊重知识、尊重人才、鼓励创新的氛围。档案工作者应该在这个过程中发挥积极作用，推动社会更好地理解和重视档案工作的重要性，尤其是在信息化时代。

（5）为档案事业的持续发展赋予强大的正能量。信息化为档案事业注入了强大的正能量。它提供了工具和机会，使档案工作者能够更好地满足信息管理的需求，服务社会，推动档案事业的不断发展和进步。

总之，信息化对档案工作带来了巨大的机遇和挑战，要抓住这些机遇，档案工作者需要转变观念，积极应用信息技术，弘扬先进的意识和精神风貌，同时促进社会尊重和支持档案事业的发展。

2. "化"技术

先进和适用的技术永远是档案信息化发展的强大动力。然而，先进和适用有时会产生矛盾，只有进行档案信息化实践，才能使技术的先进性和适用性取得统一，产生效益。这一统一是档案信息化的核心，它促使先进的信息技术与档案管理有机结合，对档案和档案工作产生带动和增值作用。因此，我们需要不断强调档案信息化的重要性，以保持激发档案工作者引进和吸收新兴信息技术的积极性。通过档案信息化，我们能够实现以下关键目标：

（1）技术的先进性。档案信息化推动了技术的不断创新和升级。新的信息技术不断涌现，为档案管理提供了更多可能性。这种技术创新促进档案工作的现代化，使档案能够更好地应对不断变化的需求和挑战。

（2）技术的适用性。档案信息化强调技术在实际档案管理中的适用性。技术不仅仅是为了技术而存在，而是为了提高档案管理的效率和质量。只有在实践中，我们才能了解技术如何更好地满足档案管理的需求，从而提高适用性。

（3）效益的产生。通过将先进的技术与档案管理相结合，档案信息化产生了实际效益。这包括提高档案检索和保管的效率，降低管理成本，增加信息的可访问性，以及提供更好的信息保护和安全性。这些效益直接影响到组织的绩效和服务质量。

（4）持续激励。档案信息化实践不仅能够产生立竿见影的效益，还能够持续激励档案工作者关注引进和吸收新兴的信息技术。这种积极性有助于保持档案管理领域的创新力和竞争力。

（5）促进信息产业的发展。档案信息化对信息技术产业的发展也有积极影响。它为信息技术提供一个重要的应用领域，促进信息技术产业的增长和繁荣。同时，档案信息化也有助于培养和吸引更多的人才进入这一领域，促进信息产业的可持续发展。

综上所述，档案信息化不仅将先进的信息技术与档案管理紧密结合，还促进档案工作的提升和信息技术的不断完善。它在实践中产生了明显的效益，激励档案工作者积极追求技术创新，同时也为信息技术产业的发展作出积极贡献。因此，档案信息化应被视为档案管理领域的重要战略，以确保档案工作与时俱进，满足不断变化的信息需求。

3. "化"资源

档案信息资源是档案管理的基础，也是信息的重要源泉。为满足现代档案管理的需求，档案信息化要求我们采取一系列措施，以将档案资源信息化，建立档案信息总库，解决档案管理中存在的一系列问题，并提升档案资源的质量和可利用性。

（1）电子档案管理。随着信息技术的不断发展，许多档案现在以电子形式产生和存储。电子档案管理是将这些电子记录有效地管理、保存和检索的关键环节。这确保了档案的长期保存和可用性。

（2）纸质档案信息化。为了提高纸质档案的可访问性和安全性，将纸质档案进行信息化处理是必要的。这样可以减少物理存储空间需求，同时也便于检索和分享档案信息。

（3）建立档案信息总库。档案信息总库是一个集中存储和管理各种类型档案的系统，它能够整合不同载体和门类的档案，实现统一的管理和检索。这有助于提高档案资源的集成度和有序度。

（4）提高丰富度。信息化和集成化处理使档案资源变得更加丰富。这包括各种类型的记录和文档，从文字、图片到音频和视频，都可以包含在档案信息总库中。这提高了档案资源的丰富度，满足了不同用户的需求。

（5）提高适用度。数字档案的可访问性和检索效率明显提高，使用户更容易获得所需信息。这提高了档案资源的适用度，促进知识的传播和共享。

（6）提高可靠度。数字档案的备份和安全性得到提高，减少档案资源的风险。这使档案管理更加可靠，可以有效应对灾难性事件。

（7）实现知识管理。通过档案信息资源的信息化和集成，档案管理可以逐渐发展为知识管理。这意味着不仅能够管理信息，还能够分析、提炼和应用知识，从而更好地满足用户的信息需求。

总的来说，档案信息资源的信息化和集成这一过程不仅将档案管理从实体管理转向内容信息管理，还有望发展为知识管理，为社会提供更多价值。

4."化"管理

信息技术的广泛应用在档案管理中揭示了传统管理模式的一系列弊端，从而对传统管理提出了挑战。这推动了档案管理部门积极建立适应信息技术应用的档案管理原则、体制、机制、规范和考核体系，同时也促进对档案管理基础工作的加强，以确保档案信息化的有效实施和建设成果。随着信息化管理水平的提高，对改革传统管理观念和模式的需求也日益增加。因此，档案信息化的推动将全面且持续地提升档案管理的现代化水平。

（1）挑战传统管理模式。信息技术的广泛应用揭示了传统档案管理模式的不足之处。传统的纸质管理方法在数字时代面临挑战，需要重新思考管理方式，以适应新的技术和需求。

（2）建立适应性原则。档案管理部门需要建立适应信息技术应用的管理原则。这包括如何有效地管理电子档案、确保数据的安全性、制定信息化保留政策等。

（3）重塑管理体制。传统管理体制通常是集中式和官僚的，而信息技术的应用需要更加灵活、创新的管理体制。这可能涉及到机构结构的重组和管理角色的重新定义。

（4）制定规范和标准。为了确保信息技术应用的一致性和有效性，需要制定相关的规范和标准，以指导档案管理部门的操作。这可以包括数据格式标准、访问控制政策等。

（5）强化基础工作。档案管理的基础工作，如档案的收管、整理、分类、检索等，需要更加专业化和高效。这有助于提供高质量的档案服务。

（6）信息化管理的现代化水平。信息化管理不仅是技术应用，还需要改革传统的管理观念，推动档案管理的现代化。这包括更加开放、透明、用户导向的管理方式。

总的来说，信息技术的应用在档案管理中催生了一系列管理方面的挑战和机遇。档案管理部门需要积极应对这些挑战，通过建立适应信息技术的管理原则和规范，改进管理体制和基础工作，以提升档案管理的现代化水平。这一过程也将推动传统管理观念和模式的改革，使档案管理更好地满足社会和组织的需求。

5. "化" 队伍

信息化是一项技术密集型和知识密集型的事业，档案信息化的成功与高素质人才密切相关。档案信息化的推进要求我们积极选拔和培养具备相关专业知识和技能的人才，更新和调整档案人才队伍的专业结构和知识结构，同时合理组织和充分发挥人才的潜力，以最大程度地调动他们的积极性。

（1）人才依赖性。档案信息化项目的成功依赖于高素质的人才。这包括具备信息技术、档案管理、数据分析等领域知识和技能的人才，他们能够有效地管理和维护数字档案，保障数据安全，并开发新的信息管理工具和系统。

（2）人才选拔和培养。档案信息化鼓励我们选拔和培养新的人才，以适应新的技术和需求。这包括培训现有员工，吸引新人才，以及提供终身学习的机会。

（3）专业结构更新。随着档案信息化的发展，档案人才队伍的专业结构需要不断更新和调整。这可能包括引入新领域的专业人才，如数据科学家和信息安全专家。

（4）知识结构调整。档案管理涉及众多领域，从法律和政策到技术和数据分析。档案人才队伍需要具备广泛的知识结构，以有效管理多样化的档案资源。

（5）人才的积极性。档案信息化可以为人才提供更多机会参与理论研究和实践锻炼，从而激发他们的积极性。这可以促使那些对信息技术充满热情、专注于此领域并具备创新精神的档案人才脱颖而出。

（6）创新和创业。档案信息化为具有创新精神的人才提供了创业和创新的机会。他们可以开发新的档案管理工具、系统或提供相关咨询服务，从而为行业和社会带来更多价值。

总的来说，档案信息化对于人才队伍的要求是高的，因为它需要跨足多个领域的知识和技能。档案管理机构需要积极推动人才的选拔和培养，以适应信息技术的不断发展和变化，同时也为有志于信息技术领域的档案人才提供更多机会，以促进创新和创业。这将有助于档案信息化的顺利实施和行业的不断发展。

（三）提高档案服务水平的必然选择

档案信息化利用可以突破原有档案利用的局限，提高档案信息资源利用效率。

第一，直接查阅内容。电子档案信息内容和实体的可分离性，使我们可以直接对档案信息内容进行灵活的分类排序和组合，利用计算机检索途径多、能力强的优势，快速查找；同时，还能实现对档案信息内容的全文检索。

第二，提供多媒体信息。可以采用多媒体技术，提供声情图文并茂的多媒体档案信息，真正做到让记忆说话，让记忆显影，生动逼真地还原历史。

第三，跨越时空障碍。档案信息化系统可以借助互联网，将任何档案信息，在任何时间，传递到互联网覆盖的地区的任何人手中，彻底打破了档案信息传递的时空障碍，实现"全天候"服务。

第四，实现联动服务。通过网络将档案服务的主体，包括档案馆、档案室、社区事务受理服务中心的档案资源连成整体，通过数据集成的手段，在馆室联动、馆社联动、馆际联动的基础上，实现档案信息的"一站式""一口式"或"一门式"服务，联动服务在民生档案服务中特别有效。

第五，服务的多样性。信息技术，特别是网络技术的应用，极大地拓宽了服务主体、服务对象、服务手段、服务形式和服务媒体，如网站查询服务、电话咨询服务、微博微信服务、个性化推送服务、主题展览服务等，使服务真正做到以用户为中心，以需求为导向，进一步改善档案部门的服务形象。

三、现代档案信息化的原则

在档案信息系统实施的过程中，应在遵循信息化建设总体原则的基础上，采取有效的技术性原则以推动系统实施的成功。

（一）务实与实效原则

第一，务实是档案信息化的基石。务实意味着根据实际需求和资源分配来进行规划和实施信息化措施。在档案信息化项目中，务实的原则要求管理者认真评估机构的档案管理需求，根据这些需求选择合适的信息化方案。务实还要求在信息化过程中合理分配预算，确保项目的可行性和可持续性。信息化投资需要综合考虑硬件、软件、人力资源以及培训等各方面的成本，并保持平衡，以防止不必要的浪费。

第二，实效是档案信息化的关键。实效意味着信息化系统必须能够提高档案管理的效率和质量。档案信息化不仅是为了信息化档案，还要确保这些数字档案能够被高效地管理、检索和利用。为了实现实效，档案信息化系统应该具备良好的检索功能，能够快速准确地找到所需档案；同时，系统也应该具备安全性，以确保档案的保密性和完整性。另外，信息化系统应该能够与其他机构或系统互通互联，以便实现信息共享和协作。这有助于提高整个社会的档案管理效率，推动信息资源的共享和利用。

此外，实现实效还要求档案信息化系统具备长期保存的能力。档案是历史的见证，需要长期保存以供后人研究和参考。因此，信息化系统应该采用标准的数字保存技术，确保档案的持久性和可访问性。同时，信息化系统需要定期进行备份和归档，以防止数据丢失和损坏。长期保存还需要考虑技术的更新和升级，以适应未来的需求和标准。

（二）软硬件资源共同建设原则

第一，软硬件资源的共同建设原则强调了硬件和软件之间的协调。硬件是信息化系统的基础，包括服务器、存储设备、网络设备等。软件则是系统的灵魂，包括数据库管理系统、档案管理软件、检索工具等。这两者之间的协调至关重要。硬件资源需要足够强大以支持软件的高效运行，而软件则需要充分发挥硬件的性能。例如，如果档案管理系统需要大量的数据存储和处理能力，硬件资源必须满足这些需求，而相应的软件应具备高效的数据处理和管理功能。

第二，软硬件资源的共同建设原则要求考虑到档案管理的安全性。档案包含着重要的机构和个人信息，因此数据安全是至关重要的。硬件和软件资源需要合作以提供多层次的安全保护，包括访问控制、数据加密和备份机制。硬件资源应提供可靠的存储和传输安全，而软件资源则应提供强大的身份验证和权限管理功能。这种协调可以有效减少数据泄露和不当访问的风险。

第三，软硬件资源的共同建设原则有助于系统的可持续性。档案信息化系统需要长期维护和升级，以适应不断变化的需求和技术。硬件资源的选择应考虑到扩展性和可升级性，以便系统能够随着时间的推移适应增长的数据和用户。软件资源需要不断更新和改进，以适应新的档案管理标准和技术。共同建设原则可确保硬件和软件资源的协调发展，以维持系统的长期稳定性。

（三）从实际出发，重视需求

从实际出发，重视需求意味着深入了解和分析机构的具体档案管理需求。不同机构可能有不同的档案管理要求，因此不能采用一刀切的方法。在信息化项目的初期，必须进行详尽的需求分析，与各个部门和用户进行充分沟通，以了解他们的期望和需求。这包括档案的种类、数量、管理周期，以及信息检索和共享的要求。只有在明确需求的基础上，才能有针对性地制定信息化策略和系统设计。

从实际出发，重视需求也意味着遵循实际的预算和资源限制。信息化项目需要投入大量的资金和资源，但这些资源并不是无限的。因此，必须在项目规划中考虑可行性和可持续性。这包括了预算分配、硬件和软件的选择，以及人力资源的培训和配备。通过合理的预算和资源分配，可以确保信息化项目按照需求和资源的平衡进行，避免不必要的浪费和超支。

档案管理领域在不断变化，新的需求和技术不断涌现。因此，信息化系统必须具备一定的灵活性，能够随着需求的变化而调整和升级。这包括了软件的更新和升级，以及硬件资源的可扩展性。只有具备这种灵活性，信息化系统才能长期满足需求，保持高效运行。

（四）重视维护，升级换代

信息化系统需要持续的维护、升级和换代以确保其稳定性和有效性。因此，重视维护、升级和换代是现代档案信息化的关键原则之一。

第一，维护是保证信息化系统稳定运行的重要环节。信息化系统包括了硬件和软件两个方面，都需要定期的维护来保持其性能和可用性。硬件维护包括了设备的保养、故障处理以及数据备份等。在档案信息化系统中，数据是无价的，因此备份和数据恢复是维护的重要内容。软件维护包括了系统更新、补丁安装以及性能优化。随着时间的推移，软件可能会出现漏洞和问题，因此定期的维护可以保障系统的稳定性。维护还包括了用户培训，以确保员工熟练操作系统，减少误操作和数据丢失的风险。

第二，升级是信息化系统不断改进和提升的过程。随着技术的进步和档案管理需求的不断变化，信息化系统需要不断升级以满足新的要求。硬件升级可以提高系统的性能和扩展性，使其能够处理更多的数据和用户。软件升级可以引入新的功能和改进，以提高用户体验和数据管理的效率。升级还可以改进系统的安全性，以应对不断变化的网络威胁。因此，升级是保持信息化系统与时俱进的关键手段。

第三，换代是信息化系统的更新替代。信息化系统的换代可能涉及到硬件和软件的全面更换，以适应新的技术和需求。在档案信息化中，长期保存和可持续性是至关重要的，因此及时的换代可以保证数据的安全和可访问性。

第三节 现代档案信息化建设成效

为了更好地管理和利用档案资源，现代档案信息化建设应运而生。这一变革已经取得了显著的成效，对于提高档案管理的效率、保障信息安全、促进信息共享以及服务社会各个领域都具有深远的意义。

第一，现代档案信息化建设在提高档案管理效率方面取得了显著成效。传统的纸质档案管理方式需要大量的人力、物力和时间，不仅容易出现文件遗失、损坏等问题，还使档案检索变得烦琐和耗时。而信息化档案管理系统的应用，使档案的存储、检索、归档等工作变得更加便捷和高效。工作人员可以通过电子设备轻松地查找和管理档案信息，节省时间和人力资源，提高了工作效率。

第二，现代档案信息化建设有助于保障档案信息的安全性。信息安全一直是组织和机构关注的重要问题，尤其是政府部门、企业和研究机构等拥有大量敏感信息的单位。传统的档案管理容易受到人为因素的干扰，信息泄露的风险较大。而信息化档案管理系统可以设定权限、加密数据，以及建立完善的安全机制，确保档案信息不被非法获取和篡改，从而有效保障信息的安全性。

第三，现代档案信息化建设促进档案信息的共享和互通。在传统的档案管理模式下，档案的共享和互通受到空间、时间和地域的限制，不同部门之间的信息交流较为困难。而信息化档案管理系统通过建立统一的平台和标准，使不同部门之间可以方便地共享档案信息。这种信息共享和互通不仅提高了工作效率，还有利于协同工作和决策制定。

第四，现代档案信息化建设对于服务社会各个领域具有深远的意义。档案是历史的见证和文化的传承，它们包含宝贵的历史信息和文化遗产。信息化档案管理系统的建设使得这些宝贵的资源更容易被挖掘和利用。例如，文化机构可以通过信息化档案展示历史文化，教育机构可以为学生提供更多的学习资源，研究机构可以更深入地研究历史事件。此外，政府部门可以通过信息化档案管理更好地履行公共管理职责，提供更高效的公共服务。

第四节 现代档案信息化建设的内容与优化建议

一、现代档案信息化建设的内容

档案信息化建设是指运用信息技术提高档案工作现代化水平，重新思考档案管理的新情况、新原则与新理论，确立网络环境中档案管理与档案服务的基本框架与基本方法，实现档案信息的社会化服务。因此，档案信息化建设应有助于档案收集、整理、归档、利用、编研、鉴定、统计、销毁等全过程，应有助于档案工作各环节提速、提效、提质，应有助于减少档案管理成本，应有助于保障档案安全。

档案信息化建设有助于档案工作与前端的业务工作、后续的支撑工作更加紧密地衔接甚至融合，从而在档案业务工作上与其他部门的业务工作、与档案管理主体（需要强调的是，档案管理主体是档案信息化的应用主体）围绕档案所进行的各项活动形成闭环。

（一）档案信息化建设的基本思想

第一，现代计算机技术在档案信息化中起着至关重要的作用。计算机可以存储大量的档案数据，便于检索和管理。此外，计算机还可以实现档案数字化，将纸质档案转化为电子文档，这样不仅可以节省大量的存储空间，还可以提高档案的安全性和可访问性。而有线电视和手机等新技术也可以用于档案信息的传输和共享，使档案信息更广泛地传播。

第二，档案信息化的重点在于信息资源的开发和利用，以及信息安全的建设。传统的档案管理方式往往局限于档案的存储和整理，而档案信息化则可以将这些档案转化为有用的信息资源。通过现代信息技术，可以更加方便地检索和利用档案信息，满足不同用户的需求。同时，信息安全也是档案信息化中不可忽视的问题，必须采取有效的措施来保护档案信息的安全性，防止泄露和损坏。

第三，档案信息化的范围不仅包括档案本身的工作，还包括对档案业务和档案服务对象的工作。档案信息化需要全面考虑整个档案管理体系，包括档案的产生、采集、整理、保存、检索、传递等各个环节。同时，也需要关注档案服务对象，提供更加便捷和个性化的服务，满足不同用户的需求。

第四，档案信息化应充分利用各种现代信息载体，包括计算机网络在内，同时也不应排斥其他形式的载体的存在价值和应用价值，包括纸质等传统载体。现代信息技术的发展使得档案信息可以更加多样化地存储和传播，但传统的纸质档案仍然具有不可替代的价值。因此，档案信息化需要采取多措并举的策略，充分发挥各种载体的优势，使它们相辅相成，互相补充。

第五，档案信息化的工作应围绕信息流展开，而不仅仅关注静态的档案信息。档案信息化建设是指档案信息的产生者、管理者和应用者充分借助现代信息技术，加强档案管理，保障档案安全，以档案信息资源开发和利用为核心所进行的一切活动的总和。这意味着档案信息化需要关注信息的流动和共享，使信息能够在不同部门和用户之间流通，实现更高效的工作和服务。

（二）档案信息化建设的特征

1. 档案信息化建设的改革性

档案信息化是推动档案工作改革的过程，档案信息化建设，不是现代技术手段的简单应用，只对人力起到直接替代作用，而是通过其渗透到档案工作的各个环节和要素中，对档案管理职能、工作机构、人员分工等都发生作用，从而促进档案工作实现职能转变、机构改革和管理创新。同时，档案信息化建设也改变传统的档案管理方法，在档案收集、整理、利用、鉴定、开放、公布、统计、销毁等各个方面都提出了新的课题，都要求管理方式实现根本性转变。另外，档案信息化建设涉及的技术创新与档案管理观念、理论、方法等创新交互作用，也推动档案业务工作不断改革发展。

2. 档案信息化建设的时效性

档案信息化建设是与时俱进、创新发展过程，随着科学发展和技术进步，档案信息化的技术支撑体系，包括硬件和软件系统都需要更新换代，要求档案管理部门及时组织系统升级，并且要考虑后代系统对前代系统的兼容性。因此，档案信息化建设将是持续演进的长久过程，不能期望做到一蹴而就，也不应该保持观望，坐失发展良机。档案信息化是新生事物，没有现成的理论，在没有束缚的优势背景下也同时没有成熟经验，机遇与挑战并存，成功与失败交织，只有按照"三个有利于"的标准，在应用实效上下功夫，才能走出符合各自实际的路子。

3. 档案信息化建设的价值性

档案信息化建设是提升档案资源价值的过程，它使档案信息资源整合和共享成为可能，也使更多、更完整地收集整理档案信息成为可能，必然会使传统意义上的档案馆藏结构发生改变，向更为宽阔的领域拓展。档案信息资源的开发利用也因而获得空前机遇，信息集合效应将随着经济社会的发展和人们对档案认识深化日益彰显，档案信息资源的经济价值、社会价值、文化价值和政治价值等将在资源整合的过程中实现增值，在"死档案"

变成"活资料"的基础上提供给人们更多的想象空间。

4. 档案信息化建设的渗透性

档案信息化建设是推动档案事业发展的过程，作为电子政务的重要组成部分，它将档案工作与其他部门的政务工作更为紧密地结合起来，使档案工作从"三线"走向"一线"成为可能和需要。档案信息化对信息的正确性、可靠性要求更高，不仅对原始记录的要求高，对档案信息正确理解的要求也将更高，将催生档案信息表达乃至政务信息表述的规范化。档案安全也被赋予新的内涵，增加了网络安全管理方面的内容。档案信息化建设周期长，因而为档案事业的渐进式发展提供了磨合期，在带动档案管理的效率和质量的提高的同时，推动实现档案事业科学发展。

（三）现代档案信息化的总体建设思路

思想决定思路，思路决定出路。档案信息化应立足高位统筹，规划先行，更应该着眼需求，重点突破。遵循总体思路原则如下：

1. 坚持政务主导

坚持政务主导，即是强化政务统筹协调推动作用，使档案信息化建设由单纯的"外力推动"向"内力驱动"转变，进而促使档案信息化建设成为档案工作以及其他部门业务工作的一个环节，成为全部档案工作人员以及全体公务员、企事业单位工作者的工作任务之一。

政务主导是指政府在档案信息化建设中发挥关键作用，不仅是推动者，更是引领者。政府部门作为社会治理的主体，负有管理和服务的双重责任。因此，政务主导不仅是将档案信息化建设置于政府工作的优先位置，更是要通过政府的整合和协调，确保各方资源有效整合，实现档案信息化建设与政务工作的无缝衔接。

在这个过程中，政务主导的核心职责之一是确保档案信息化建设融入政府各项工作，而非被视作一个独立的项目。政府部门应该将档案信息化建设纳入到各项决策和规划中，确保其与政府工作的战略目标相一致。这包括确保档案信息化系统的数据可以为政府决策提供支持，能够促进政务工作的高效性和透明度。

另外，政务主导也需要建立相关政策和法规，以明确档案信息化建设的法律依据，为其合法性提供保障。政府可以通过制定政策来引导各部门主动参与档案信息化建设，鼓励各级政府部门与企事业单位开展合作，确保档案信息化建设的资源得到充分利用。

政务主导还需要在档案信息化建设的过程中，为各级政府和机构提供支持和协助，确保项目的有效推进。这包括提供培训和技术支持，以提高相关工作人员的信息化水平。政府还应该建立监督机制，确保项目按照规定进行，及时解决可能出现的问题。

最重要的是，政务主导需要将档案信息化建设视为一项长期的任务，而非一时的行动。政府部门需要长期投入精力和资源，以不断推动档案信息化建设的进步，以满足日益增长的信息化需求。

2. 坚持以人为本

尽快改变档案信息化建设管理、建设、应用主体缺位、越位、易位现象，以"人"这个"事"的载体为中心开展工作。需要明确的是，档案信息化的管理主体，应该是档案部门负责档案信息化的内部机构和相关人员；档案信息化的建设主体，应该是技术保障队伍和相关企业；档案信息化的应用主体，应该是各级档案部门和各机关、企事业单位档案工作人员，以及包括社会公众在内的所有档案利用者。三种主体之间应严格依据自身职责任务和需求而进行相应活动，各司其职、各尽义务、各取所需。

3. 坚持突出应用

突出应用的档案信息化建设具有鲜明的时代性和阶段性，需要审时度势，客观分析需求所在和关键应用内容，冷静研判技术发展状况、人员应用能力和档案应用效力，自觉将档案信息化建设置于法治、技术、区域环境背景之下，在大局下行动，在实效上下功夫。

从现实来看，从档案工作角度，应突出档案管理系统建设，使其涵盖档案工作的各个环节并真正推广应用；从档案安全角度，应突出危旧和重要档案异质抢救，即加快传统介质档案信息化进程；从档案利用角度，应突出档案信息化、档案远程利用和认证体系建设。这就需要在档案信息化建设过程中，规划先行，统筹安排技术资源、信息资源、资金资源和人力资源，围绕档案管理人员和档案利用者这些档案信息化应用主体的最关心、最直接、最现实的应用需求开展工作。

二、现代档案信息化建设的优化建议

"随着现代信息技术的快速发展，档案信息化成为档案事业发展的新趋势。"[①] 在现实条件下，加强档案信息化建设应按照先易后难、按需建设、循序渐进，因地制宜的思路，结合实际，从解决制约档案信息化建设的瓶颈问题入手，重点加强四大体系建设。

（一）巩固和完善统一的档案信息化工作体系

档案信息化工作体系是档案信息化建设的组织保障，发挥着高位统筹、协调推动、高效运作、平衡进度、监督考核等作用。在现行体制机制下，结合目前档案信息化建设的工

---

①韩清衍. 档案信息化建设相关问题的探讨［J］. 办公室业务，2016，（13）：47.

作重点，巩固和完善统一的档案信息化工作体系应分为两个层面进行。

1. 理顺管理体制，完善运行机制

建立由办公部门牵头、相关部门联动的电子文件管理机制，实现电子文件的全程管理。按照档案法和"三定"规定赋予档案局的行政管理职能，加大档案部门在档案信息化建设工作中的统筹协调力度，形成以国家档案局为龙头，各地、各部门档案局为分支、各级各类专业档案馆和档案室为节点的上下联动、协同统一的档案信息化工作体系。要提升档案信息化工作在信息化建设及电子政务建设工作中的比重，使档案信息化建设工程与电子政务应用系统项目同步规划、同步建设、同步推进实施。具体到单体的档案局（馆），要将档案信息化建设确定为"一把手"工程，形成领导层、技术层、数据加工层、资源利用层协调运转的组织体系。

2. 健全法规制度，规范工作行为

在档案信息化建设纳入统一的信息化建设规划和电子政务建设工作规划的基础上，制定档案信息化建设专项规划，并按年度制定推进计划，制定工作任务分解表，明确目标任务、责任单位和完成时限。

建立、健全和完善档案信息化建设绩效评估体系，采取"以评促建"的方式推进工作开展，评估应用效果。要完善和严格执行已有的法律、法规和制度，加强档案信息化方面的监督检查和执法，增强档案信息化工作的刚性要求，使档案信息化工作步入常态，由习惯形成自然。要实行项目带动战略，开展档案信息化、远程利用档案等方面的专项课题研究，形成一系列科研成果，并上升为工作方案、实施意见乃至法规制度，从上到下地组织推动实施。要从完善队伍建设、岗位责任、安全保密、数据流转、开放公布、资源整合、开发利用等制度入手，促进档案信息化相关工作流程有机衔接，形成工作长效机制，使档案信息化建设走上规范化、制度化轨道。

（二）规划建设统一的档案信息资源共享体系

档案信息资源建设是档案信息化建设的中心内容，档案相关的业务工作在信息化条件下均需围绕档案信息资源展开。档案信息资源建设一方面在于档案的信息化等基础性工作，另一方面则在于档案信息资源的整合开发。因此，档案信息资源建设在当前要重点推进档案信息化和资源共享。

1. 加快推进档案信息化进程

逐年制定档案信息化工作计划，加强监督检查，使档案信息化工作有序开展。要以满足用户需求为导向，以追求利用效益为目标，立足当前，着眼长远，实行档案鉴定和信息

化同步推进，建立档案信息化目录。要加大人力、物力和财力投入，形成各级档案部门和各有关部门协同努力，集中力量开展档案信息化攻坚工程的工作格局。要强化档案信息产生单位的主体责任，特别是对增量档案要按照谁产生、谁负责的原则，加快档案信息全文信息化进度。坚持实行增量档案纸质与电子双套归档制度，采取网上传输与光盘刻录报送两种方式，实现除会议记录等手书形式档案外全部文件的电子化归档。要对规定范围的档案信息实行文本文件和图形文件关联并存制度，实现档案全文检索，提高档案查准率和查全率。

2. 推动档案信息资源共享

按照新出台的国家标准，打破技术壁垒，建设统一的档案信息管理系统，促进档案管理系统与网上办公应用系统的融合，实现信息生成、整理、归档全流程网上进行，畅通电子档案信息入口。要以服务民生为重点，探索形成区域内档案信息资源共享工程，按照先易后难、先重点后一般的原则，以需求为导向制定档案信息资源共享目录。要发挥民生档案产生或业务管理部门的职能作用，条块结合，注重实效，促进其加强档案信息化和资源共享工作。

（三）整合完善统一的技术支撑和资金保障体系

档案信息化建设离不开技术支撑，软件、硬件和相关基础设施建设需要大量投入。要随着档案信息化工作的整体推进，及时跟进资金投入，确保项目建设的连续性和适度超前性。要加强技术支持，确保硬件设施设备和档案信息化应用系统平稳运行，维护档案信息安全。

第一，加大档案信息化建设基础设施投入力度。要将档案信息化资金列入各级财政预算，采取逐年投入的办法解决基础建设和运维经费。要采取服务外包、合作开发等形式，创新档案信息化投入机制。要鼓励引导和支持各级档案信息化部门开展档案信息化技术攻关，逐级给予档案信息化科研项目经费支持。

第二，建设必要的档案信息化软件、硬件和相关基础设施。要配置必要的计算机及扫描、摄影、摄像、打印等设施、设备并及时更新换代，为保证档案信息化工作顺利开展及相关设施设备安全平稳运行提供良好环境。要及时开发和升级档案信息化管理软件，使其更加便捷顺畅。要促进档案信息化应用系统与其他业务系统的融合，探索自动归档管档模式。

第三，加强档案信息化安全基础设施建设。除与各省、市之间互建异地备份中心之外，亦应在本地建设档案信息安全备份中心，及时升级和使用安全认证、病毒防杀、防火墙技术、身份认证技术、网络监控技术，加强访问控制，增强技术防范能力，确保档案信息安全。

第四，推动档案信息网络互联互通。要依托省际专网，以及各地的政务信息资源内网，实现从上到下各级档案局、综合档案馆和各专业档案馆、各部门各单位档案室的互联互通，打造档案信息网络共享平台。

（四）推动建立统一的档案信息远程查阅利用体系

档案利用是档案工作的一个重要方面，充分发挥档案信息化优势，开展档案信息远程查阅利用，方便广大人民群众查阅利用档案，简化手续，提高效率，保证远程查档用档的有效性是档案利用工作的方向。档案信息化建设要沿着这一方向，在当前重点做好以下工作。

1. 提升档案信息远程查阅利用服务能力

按照档案法、保密法和政府信息公开条例的要求，科学设定各类档案的公开级别，建立档案信息资源网上公开标准体系和评估体系。对于已经明确公开的文件信息，责成信息公开主体部门按指定标准图形文件格式发布到本部门网站，提高网站信息的规范化、标准化水平，并明确网上信息的法律效力。各级档案部门可采取链接和本地化的方式整合资源，完善档案信息资源网，加强网站内容建设，实现网上档案信息查阅"一站 OK"。对于可以部分公开或涉及个人隐私类档案信息，采取目录公开的形式，提供远程检索，并对已注册用户开展确认身份后的远程利用服务。要抓住电信、计算机、电视"三网融合"机遇，把已上和可上计算机网络的档案信息，向手机、电视等媒体拓展，完善服务手段。

2. 提升档案信息馆内查阅服务能力

对于不宜在互联网上公开的档案信息，可参照政府信息依申请公开的程序，确认档案利用者身份后在各级档案馆实行远程提供，实现"一馆 OK"。要采取"三点合一"的接待方式，将馆藏档案信息、已公开的现行文件和政府公开信息整合设在一个阅览大厅，一个窗口对外，既可由工作人员辅助查阅，也可由档案利用者自助查阅。利用网络检索替代手工检索、数字档案替代纸质档案、网络打印替代原件复印的方式，方便利用者查阅档案。加强档案信息编研，综合加工、深度开发，围绕党委、政府的中心工作，为社会各界提供经过提炼的深层次、高质量信息产品，主动为经济社会发展服务。

3. 建立档案馆际间异地出具档案证明机制

建立档案馆际间异地出具档案证明机制，是一项具有重要现实意义的举措，它有助于提高档案利用的便捷性和高效性，促进各档案馆之间的协作与信息共享。这一机制的建立需要广泛开展档案馆际合作，按照试点先行、稳步推进、逐渐深入的思路，逐步完善各项工作。

　　档案馆要通过签署合作协议等方式，建立档案馆际间异地出具档案证明的合作框架。这一合作框架应明确各方的权责，规范证明的内容、格式、流程等，确保证明的准确性和合法性。合作协议还可以约定数据脱机交换、备份等具体措施，以确保档案信息的安全性。为实现档案证明的异地提供，需要进行技术方面的创新和改进。在数据传输方面，可以采用安全的网络连接，以便实现档案信息的远程查询和传输。同时，可以建立数据备份机制，确保即使出现系统故障，档案信息也能得到保障。这些技术手段将有助于实现档案证明的联网打印，降低了办事人员城际间奔波的不便。

　　与此同时，建立档案馆际间异地出具档案证明机制也需要合理管理档案资源。各档案馆可以建立档案信息共享平台，使不同档案馆的信息能够相互访问，从而提供所需档案证明。这种信息共享有助于提高效率，减少重复工作，提供更好的服务。最终，建立这一机制有助于减少政府和企业机构以及个人的时间和精力开销。可以缩短获取档案证明所需的时间，提高公共服务的质量和效率。这对于促进社会发展和改善民众生活质量具有积极的意义。

第四章 现代档案管理工作信息化建设

第一节 现代文书档案管理工作信息化建设

文书档案管理是服务社会的一项重要工作及企事业档案管理的核心，需要充分发挥科学技术的先进性和便捷性，以实现文书档案管理的高效性。"加强对文书档案的管理是衡量一个社会组织对开展工作是否科学化、制度化、程序化的标尺。"① 因此，每个部门都应该重视对文书档案的管理工作，这就要求我们应该不断加强深化和改革文书档案管理，并且制定相关制度，创新工作方式，使其他组织和部门做好配合工作，让单位更加科学合理的发展。

一、文书档案的涵义

文书档案是指机关、团体、企事业单位在行政管理和社会事务活动中产生的，由通用文件转化而来的那一部分档案的习惯称谓。文书档案泛指科技档案和其他专门档案之外的一切档案，因而有时也称为"普通档案""一般档案"。在一个机关单位内部，无论是文书档案，还是科技档案和各种专门档案，都是本机关单位工作活动的历史记录。

文书档案是组织和个人，在日常活动中产生的书面材料的有序记录和存储方式。它们扮演着记录、管理和保护信息的重要角色，是现代社会不可或缺的一部分。文书档案具有广泛的涵义，涵盖了各种形式的书面记录，包括文件、报告、合同、备忘录、信件、电子邮件、照片、音频和视频文件等。在组织和政府机构中，文书档案通常由专门的档案管理部门负责管理，以确保信息的合规性、可访问性和保密性。

文书档案的重要性体现在多个方面：①它们是组织和个人历史的记录。通过文书档案，我们可以追溯到过去的事件、决策和交流，了解过去的经验教训，为未来作出更明智的决策提供了宝贵的参考。②文书档案在法律和法规方面具有重要价值。许多国家的法律要求组织和个人保存特定类型的文书档案，以便日后的审计、纠纷解决和法律诉讼。此

---

①倪云．信息化建设在文书档案管理中的应用［J］．明日风尚，2017，（17）：109.

外，文书档案也是知识传承的媒介，可以传递专业知识和文化遗产，帮助新一代理解过去并继续创新。

文书档案的涵盖范围非常广泛，涉及各个领域，如医疗、教育、法律、商业、政府等。在医疗领域，患者的病历和诊断报告是重要的文书档案，用于医疗保健提供者记录和跟踪患者的健康信息。在教育领域，学校和大学维护学生的学术记录和成绩单，以便评估学生的学术进展。在法律领域，合同和法律文件是重要的文书档案，用于确保合同的执行和法律事务的记录。在商业领域，财务报表和交易记录是关键的文书档案，用于会计和审计目的。政府机构维护各种类型的文书档案，以确保政府决策的透明性和合规性。

文书档案管理是一门专业领域，它涉及到制定档案保留政策、建立档案存储系统、管理文书档案的合规性、提供文书档案的访问和保护文书档案的安全性。随着信息技术的不断发展，电子文书档案管理已经成为一种重要趋势，因为它可以提高文书档案的可访问性和搜索效率，减少了纸质文书档案管理的复杂性。

二、文书档案信息化管理特征

文书档案信息化管理就是利用现代的信息技术，从而实现档案系统整体功能的转型升级，对现有的纸质或者相片等档案资料进行有效的信息化，为企业和单位提供档案的信息化、信息化的网络服务，文书档案信息化管理具有如下特征：

第一，文书档案信息化管理以其出色的速度和便利性而脱颖而出。传统的文书档案处理方式往往需要大量时间和人力资源。文件的起草、审批、分发等步骤通常需要多次手工操作，而信息化管理的到来彻底改变了这一现状。现在，我们可以迅速创建、编辑和处理文书档案，通过电子文档处理软件，诸如 Microsoft Office 等，可以轻松完成这些任务。这不仅提高了工作效率，还降低了工作风险的风险。

第二，文书档案信息化管理确保了文件的安全快速传递。在传统的文书档案处理中，文件传递通常需要通过邮件、快递或面对面的方式进行。这不仅耗费时间，还存在遗失、损坏或泄密的风险。而信息化管理系统可以确保文件的安全传递。通过加密技术和网络传输，文件可以在瞬间传递到需要的地方，而且只有授权的人员可以访问它们。这种安全快捷的传递方式不仅提高了工作效率，还保护了文件的机密性。

第三，文书档案信息化管理还保证了文件的持久稳定保存。在过去，纸质文书档案容易受到环境、时间和意外事故的影响，导致文件的丢失或损坏。信息化管理系统将文件以数字形式存储在电脑或服务器上，这些数字文件可以轻松备份和恢复。此外，系统也允许对文件进行定期的归档和备份，以确保长期保存的稳定性。这使得文书档案能够持久保存，不受时间和自然因素的侵害。

三、文书档案管理信息化建设的意义

第一，能够提升文书档案管理效率。在文书档案管理信息化建设之前，档案管理人员往往只能通过人工方式对文书档案进行收集、整编、管理等，工作量非常大，所耗费的时间比较长。在进行信息化建设后，文书档案管理开始朝着网络化、自动化方向发展，录入数据库的文书档案可反复调用，电子档案也不存在纸质档案风化、破损的问题，整体的管理难度会有所下降。文书档案管理信息化建设可以降低成本，减轻工作人员的工作量，提升文书档案管理的效率文书档案管理信息化建设，不仅可以使文书档案的存储归档工作更加轻松有效，文档查找也更加快捷。

第二，文书档案管理信息化建设使文书档案查询和调阅的难度减小。在传统文书档案管理模式下，工作人员需要根据入库信息到档案室中翻阅档案，从繁杂的档案资料中找出所需内容，整个过程效率低、时间长，不符合新时代事业单位高效的需求，而完成信息化建设后，工作人员可根据需求，采取模糊查询、组合查询、分类查询等多种方式在数据库中快速检索文书档案，这样可以提升文书档案服务水平，对文书档案管理的发展有一定积极作用。在对纸质档案进行信息化处理时，档案管理部门需要根据实际情况，重点关注档案信息化的转化速度和可用范围。此外，文书档案管理信息化建设还要根据我国的相关法律法规，针对电子档案的归档与管理制定科学合理的管理机制，在实际过程中，应始终保持操作的规范性，确保档案资料的管理和查询更加标准化。根据我国的相关规定，电子档案和传统纸质档案一样具备同等的法律效力。

四、现代文书档案信息化建设的策略

（一）提升信息化管理意识

随着信息时代的到来，在进行文书档案管理的时候，可以运用现代信息技术理念，在管理中充分利用信息化，重视对文书档案的信息化管理。创新管理模式，把新时代的管理理念和方法融入实际的管理中去，通过实现文书档案管理的信息化，可以提升工作效率和质量，促进文书档案管理工作发展。

（二）搭建科学的文书档案管理信息平台

为了创新文书档案的管理模式，就必须实现文书档案管理的信息化和现代化。而这就要求我们必须建立科学、合理的文书档案管理信息平台。随着经济的不断发展，我国的科学技术也得到发展，因此，传统的纸质文件和人工管理可以利用数据库和计算机等高新技术对文书档案进行高效管理，很大程度上减少管理人员的工作量，提高档案管理的效率和质量。

（三）形成完整的档案信息化管理系统

随着我国信息化技术的不断发展和广泛应用，信息化文书档案工作在实施的过程中，应该充分地利用办公自动化，如打印机、复印机等。对文书档案利用办公自动化进行优化加工，并且借助先进的网络技术构建完整的信息管理系统，实现对文书档案的管理工作，不断提升信息化文书档案管理的工作效率和质量。

（四）打造档案共享机制

单位可以将文书档案的管理工作和云储存技术相融合，并且将一些可以共享的资料和信息上传到云储存的终端，以方便每个单位之间可以共同查阅。需要额外注意的是，档案共享不是将所有的档案都上传到共享终端，而是将一些没有保密性、没有强制要求保密的文书档案进行共享。以此实现业务的协同性。业务协同性通俗来讲就是单位和单位之间在业务上存在的共同点所需要的共同需求等。单位可以从以下几个方面出发：

第一，注重对档案模块的管理，根据不同的档案类型将档案划分为不同的板块，保证档案资料和信息都完整的在每个相应的半空中，从而实现智能、科学的管理。

第二，注重档案的安全管理，以防止重要的档案信息流失和损坏。现如今的档案管理注重资料的完整性和真实性，因此必须要做到安全性、合理性、科学性。从而实现档案的价值。如果档案资料信息如果出现了不真实和不准确，那么就会失去档案资料的价值，因此单位需要利用数字水印技术和数字加密技术，区块链技术等，实现现代化信息技术对档案管理信息系统进行安全管理。

（五）提高文书档案管理信息化系统利用率

1. 建立规范性机制

在信息化技术高度发展的今天，文书档案管理信息化建设已成必然，在此过程中工作人员应对元数据进行综合收集，在录入数据系统的时候也需要采取扫描等方式尽可能保存文书档案的原貌，从而保证文书档案管理的规范性。同时，还需将现有的文书档案中难以识别的图像信息转化为文本内容，从而让后续的模糊检索、条件检索等更加顺畅。另外，在进行文书档案管理信息化工作的时候，还需要秉持分离式的规范原则，根据不同文书档案的特征，按照不同的管理规定开展工作，从而确保文书档案管理的有效性。在对文书档案进行信息化处理时，应保证数字档案管理符合真实性要求，将原有数据全部完成信息化处理，归纳进电子档案信息管理系统进行统一归档、保存。另外，在复制纸质档案中的相关资料时，应对纸质档案中的全部信息进行扫描，将图像、音频等资料转变为文本数据，为搜索引擎的创建和使用提供便利条件。

此外，还要严格注意档案信息格式的标准化和统一化，建立科学有效的电子档案管理机制，将国家制度的相关规定作为参照，全面了解档案管理工作的职责所在。另外，在对电子档案进行管理时，依照离散式的行为规范，建立相应的管理制度，保证电子档案的归档工作更加合理有序，避免重要资料和信息丢失。

2. 建立实用性机制

文书档案管理信息化工作模式的落实可以提升档案管理的效率，工作人员必须根据本单位的实际情况，对文书档案管理信息化建设的范围进行分析，并从全局出发对档案内容进行处理，对其中重要的、易丢失和破损的文件优先进行处理，对那些有保存价值、但使用价值比较低的文书档案，可适当地暂缓其录入，提升文书档案管理信息化建设的有效性。

在文书档案管理信息化建设过程中，将纸质文档和电子文档进行同步归档是其中十分重要的步骤。在初步完成信息化档案建设后，工作人员需要重点关注纸质文档和电子文档之间的转化，降低转化过程中出现的数据丢失问题和数据安全隐患。为提升档案资料的安全系数，工作人员在将纸质文档和电子文档进行同步处理时，可以选用同种管理模式，保证两类档案信息的连续性，更有利于档案管理信息化的有序开展。

3. 加大组织领导力度

事业单位的文书档案管理部门承担着重要的档案管理工作，因此必须建立文书档案管理信息化模式下的管理新方法，并采取行之有效的任务分配制、责任落实制等，保障文书档案管理信息化的安全性。工作人员要严格执行相关的安全保障制度，并提升管理人员的信息化安全意识，将档案信息化安全问题纳入工作人员定期培训的内容中，发挥部门的组织管理作用。同时，还需尽快建立安全管理及维护制度，确定文书档案管理信息化系统的安全维护周期等，以事业单位的角色与互联网企业达成合作意向，提升文书档案信息化安全建设的效率。

4. 定期组织管理人员参加培训活动

文书档案管理工作人员是规避信息化安全风险的主力军，必须要做好工作人员的培训工作。首先，要让他们认识到文书档案信息化的安全风险，加深其责任意识，使之在保障信息安全的过程中发挥应有的作用。其次，要做好档案管理信息化安全保障措施的培训，让每一个文书档案管理工作人员都能在合理利用档案信息化系统的基础上，了解和熟悉安全保障措施，有效规避信息化安全问题。

5. 做好内部安全防范工作

文书档案管理的信息化建设是一把双刃剑，它有效地提升了文书档案管理的效率和便利性，但同时也增加了文书档案丢失、泄漏的风险，因此，档案系统内部的安全防范是保证文书档案管理安全性的必然手段。在工作中可通过加强内外网通道管理工作、有效处理计算机中文件内容等方法，降低出现信息安全问题的概率。同时还可以通过落实权限审核制度、利用文件加密技术等方法，规避不必要的安全风险。

文书档案管理质量影响着其发展水平，因此必须要顺应时代发展趋势，积极主动地进行文书档案管理信息化建设，通过完善文书档案信息化建设长效机制、加大组织领导力度、做好内部安全防范工作等一系列措施，保证文书档案管理信息化建设的效果。在今后的工作中，还需要不断探索保障文书档案信息化安全的措施，推动事业单位文书档案管理工作的综合发展。

第二节　现代人事档案管理工作信息化建设

人事档案是专门档案的一种，是干部档案、工人档案、学生档案等的总称。人事档案来源人事管理活动，是人事管理活动的记录，也是进行人事管理的条件和依据。人事档案是国家机构、社会组织在人事管理活动中形成的，记述和反映个人经历、思想品德、学识能力、工作业绩的，以个人为单位集中保存起来以备查考的文字、表格及其他各种形式的历史记录材料。

一、人事档案的特点与作用

（一）人事档案的特点

人事档案具有现实性、真实性、动态性、机密性、权威性的特点。

第一，现实性。人事档案记述和反映的是当事人现实的生活、学习及工作活动情况；组织、人事、劳动部门在现实生活中，为了考查和正确使用员工，要经常查阅人事档案。反映现实与为现实工作服务，是人事档案的一个重要特点。

第二，真实性。人事档案材料，其来源、内容和形式必须真实可靠，即真实地反映当事人各方面的历史与现实的面貌。真实性是人事档案的生命，是其核心的特点。

第三，动态性。历史在发展，社会在前进，每个人的情况也在不断地发生变化——年龄的增长、学历与学识的提高、职务与职称的晋升、工作岗位与单位的变更、奖励与处分的状况：在岗下岗及离退休等。因此，人事档案应当"与时俱进""档随人走""人档统一"。

第四，机密性。机密性是人事档案管理的基本原则之一，它的确保需要综合考虑技术、政策和监管措施，以确保个人隐私得到妥善保护，同时促进合法的人事管理和工作运转。

第五，权威性。因为人事档案具有真实性等属性，因此人事档案内容具有较大的权威性，反映一个人面貌的材料，只有从人事档案中查阅才是最可靠最权威的。

（二）人事档案的作用

第一，人事档案是考查、了解员工情况的重要手段。组织、人事工作的根本任务是知人善任、选贤举能，而要知人，就要全方位地了解人。了解的方法，除了直接考核该人员的现状外，还必须通过人事档案掌握其全面情况。可以说，人事档案为开发人力资源、量才录用、选贤任能，提供了信息与数据。

第二，人事档案是解决当事人个人问题的凭证。由于种种原因，在现实生活中有关部门和人员有时会对员工形成错误的认识和做法，甚至制造冤假错案或历史遗留问题。作为当事人历史与现实的原始记录，可以为查考、了解和处理这些问题，提供可靠的线索或凭证。

第三，人事档案是编写人物传记和专业史的宝贵史料。人事档案是在组织；人事部门形成的，其中还有当事人口述或填写的有关材料，因此内容真实，情节具体，时间准确，在研究党和国家人事工作、党史、军事史、地方史、思想史、专业史以及撰写名人传记等方面，具有很高的史料价值。

二、我国人事档案工作的管理机构

（一）人事档案工作的管理体制

我国现行人事档案的管理体制是：工人档案由所在单位的劳动（劳资）部门管理；学生档案由所在学校的教务或学生：工作部门管理；军人档案由各级军事政治部门管理；干部档案则按干部管理权限集中统一管理。各级组织、人事部门，都有明确的管理权限，分管哪一级干部，就管哪一级干部的人事档案。

我国人事档案工作实行分块管理，即干部档案工作的领导与指导，由各级党委组织部负责；企业职工档案工作由所在企业的劳动职能机构负责，接受劳动主管部门的领导指导；学生档案工作由所在学校的有关部门负责，接受教育主管部门领导与指导。

（二）人事档案部门的职责

人事档案工作是用科学的原则和方法管理人事档案，提供档案信息为组织、人事工作服务。人事档案管理部门的职责是：

第一，保管和积累档案史料。人事档案管理的首要任务之一是保管这些宝贵的史料。这些档案不仅仅是记录个人工作生涯的文件，更是国家或组织的历史见证。它们记录了人才的流动、发展和变革，为国家积累了宝贵的历史史料。

第二，收集、鉴定和整理档案材料。收集和整理人事档案材料是确保档案的准确性和完整性的关键步骤。这包括收集雇员的个人信息、工作记录、培训记录等，并鉴定其真实性。整理档案材料使其易于检索和管理，提高了工作效率。

第三，办理查阅、借用和转送。人事档案应当能够方便地查阅、借用和转送。员工、管理部门或其他相关方可能需要查看档案以进行决策或验证信息。这一流程必须高效且确保信息的保密性。

第四，登记员工的职务、工资和工作变动情况。详细记录员工的职务、薪酬和工作变动是人事管理的核心工作。这有助于管理部门了解员工的职业发展，并确保薪酬和职务的变动合法和公平。

第五，提供人才信息和员工情况。人事档案管理不仅服务于内部需求，还提供了重要的人才信息，可以用于组织内部的招聘、晋升和培训。此外，有关部门也需要员工情况来进行决策和规划。

第六，保障档案的安全、保密和保护。人事档案包含敏感的个人信息，必须严格保密。安全措施如加密、密码保护和限制访问权是确保档案的保密性的重要手段。此外，应该采取措施来保护档案免受火灾、洪水和其他自然灾害的危害。

第七，调查人事档案工作情况、制订规章制度。定期审查人事档案管理工作，制定规章制度，以确保工作的规范性和合规性。业务建设和业务指导有助于提高工作效率和质量。

第八，推广、应用人事档案现代化管理技术。随着科技的不断发展，现代化管理技术如信息化档案管理、云存储和大数据分析等工具，可以提高人事档案管理的效率和准确性。推广和应用这些技术是必要的。

第九，定期移交死亡员工的档案。死亡员工的档案需要特别处理。定期将这些档案移交给档案馆或室，以便妥善保存和记录。

第十，办理其他有关手续。除了上述任务外，人事档案管理还可能涉及其他有关手续，如离职员工的归档、处理法律诉讼中的档案等。这些任务必须按照法规和政策要求来处理。

三、人事档案信息化建设的创新建议

（一）意识创新，培养管理思想

人事档案信息化建设必须进行思想意识方面的创新，单位必须重视人事档案管理工作。单位需要意识到人事档案管理并不仅仅是将档案保存和确保其不受损，调档和查阅也是管理中的重要工作内容。人事档案管理不应该只重视保存而忽略使用，只有二者兼具，才能让人事档案更好地服务于单位。

单位需要意识到人事档案管理并非一项对单位影响力小的工作，好的人事档案管理可以体现一个单位的专业性和规范性，也会提升单位的工作效率，对单位产生很大的正面影响。而人事档案管理一团糟的单位，往往容易出现很多问题。因此，单位应该从根本上加强对人事档案管理信息化建设的重视。从教育层面上，应该对人事档案管理人员进行定期的培训，强调人事档案管理的重要性，宣传这项工作的影响力。

（二）制度创新，优化和完善管理制度

人事档案信息化建设工作的规范性需要被人重视，而加强相关管理制度的建设就成了目前重中之重的任务。目前，相关管理制度的滞后严重影响到了档案管理工作的规范性，所以，各个单位对于传统管理制度的改革工作势在必行。优化和完善人事档案管理制度大致有以下方面：

第一，对于单位档案管理人员的职责和工作内容要进行明确的划分，对于责任的大小也要有准确的定位，确保制度可以顺利落实。并且在新制度运行的时候，要仔细观察其实际运行情况，如果在某一环出现了问题，就需要及时发现并解决，同时记录下来事后再对其进行优化。

第二，还需要对人事档案管理工作进行主次划分，对于重要的档案需要进行重点标记，并进行及时的数据更新，以确保人事管理核心数据与单位重点推进要求相符。

第三，对于内部文件的保密工作，公司应该建立好合理的密保等级，设定好相应级数的查询和借阅的人员权限，而拥有单位核心机密的内部管理层有关部门应该做好内部的保密制度，并按照三级密级等级，安排专门工作人员加以处理，以避免单位内部文件的泄密遗失。

第四，原始档案必须采用不同形式的备份，通过不同的管理人员加以维护，避免档案

的丢失和更改。另外，在研究建立有效的人事档案管理机制的进程中，也需要积极借鉴国外先进经验，借鉴优秀的科学管理方法，从而实现由传统档案管理方法向信息化、信息化管理模式的丝滑过渡。要确保档案资料的应用价值，进一步提高信息的准确度和全面性，为今后各种工作的顺利开展打下坚实的基础。对于大多数单位而言，由于人事档案数据十分繁杂，仅靠档案管理部门很难实现规范管理。因此，应要求单位的各部门必须做好沟通工作，以保证基础数据记录的及时性和有效性，从而为整个单位档案管理制度的高效实施提供保证。

（三）队伍建设，加强人才的引进与培养

信息化时代下，人力资源管理现代化的程度越来越高，对于人事档案管理质量的要求自然也在变高。培育优秀的档案管理信息化人才，对提升人员档案管理效率的重要意义不言而喻。所以，打造单位人事档案管理团队时需要重视以下几点：

第一，意识到人力资源对企业经营和发展的意义，通过积极吸纳优秀人才，进而提升单位人事档案管理工作团队的整体水平，从而促进单位人事档案管理的健康发展。

第二，专业知识素养较低的人事档案工作者势必会导致公司运行能力和工作效率变低，针对这类工作人员，公司需要不定时开展培训项目，进行相关的专业知识训练，使员工掌握相关软件系统的操作方法，以提升他们的专业知识素养。

第三，人事档案管理人员自身需要遵守单位相关制度，在工作中不仅要做好自己的部分，也要与其他流程的相关人员互相配合和监督，在努力让自己的工作能力匹配自身岗位的同时，也要提升自己的综合素质，保持乐观学习的心态和进取心，对人事档案管理工作充满使命感与求知探索精神，单位也应该设立对于管理人员的奖惩机制，以激发他们的工作热情与动力。

（四）系统建设，提升信息化管理水平

人事档案信息化管理工作的水平，大部分都取决于单位拥有的信息化档案管理系统的水平。系统管理相较于传统手段管理最大的优势就是能节约查阅的时间成本和分类整合能力强，要发挥好这两项优势，硬件设备是基础，软件设施是升华，两者互相结合，方能使信息化管理展现出它最大的价值。当然，分类整合与查阅的前提，就是需要建立一个完备的档案信息库。数据资料的管理也必须以数据库系统为依托，把人事档案数据记录在数据库系统内，定期自动更新有关资料，大数据系统就能够回馈管理者许多便利。

对于单位内部的人事档案数据库，除必须按时更新保证资料真实性之外，还必须要重视数据的信息安全，为此，必须严密把控管理过程，防止数据被泄漏。为了能更好地进行

档案信息化管理工作，需要整合单位各个部门每个员工的档案信息，这时，就需要各个部门通力合作，各员工可以对自身的相关内容在网络上进行编辑，然后一起发送至档案人员加以核对。这样做不仅能够提高资料信息的及时性与准确度，还能够提高人事档案管理的效率。

第三节　现代会计档案管理工作信息化建设

会计档案是在会计核算活动中形成的具有一定保存价值的会计记录。无论是在传统的会计核算实践中还是在现代电算化实践中生成的各种会计记录，都是社会经济生活的生动记录和客观的写照。它是我国社会历史记忆的一个重要组成部分。

一、会计档案的概述

（一）会计档案的属性

会计档案作为会计记录的精华，是一种重要的专门档案。我国对会计档案的管理十分重视，并且形成了一定数量的法规和制度。在现实社会经济管理活动中，人们在建立各种会计制度时，往往把会计记录和会计档案的产生和形成作为一项关键性的内容列入其中。我国档案界也比较重视会计档案的管理理论、原则、技术和方法的研究，并且形成了许多相关的研究成果。

1. 突出的专业属性

会计档案与文书档案或党政档案相比，它的产生领域和内容性质，都具有明显的专业性特点。首先，就会计档案的产生领域来说，各个单位的会计档案都是在本单位的会计核算活动中逐渐形成的，是这种专业性会计活动的一个有机的组成部分。会计档案是经济业务活动的重要依据，也是开展经济活动、进行经济分析、开展经济研究、进行经济决策的重要根据和信息参考材料。其次，就会计档案的内容性质来说，无论是会计凭证、会计账簿还是会计报告及其他会计文件、会计记录，无论是传统手工条件下产生的会计记录、会计文件还是在电算化条件下生成的会计电子数据记录与会计电子文档，都具有反映和记录会计核算活动及其结果的特点。突出的专业属性，是会计档案最基本的特征，也是鉴别会计档案和文书档案的一个重要尺度。

2. 形成过程的序时性

就总体而言，会计档案的形成过程具有明显的序时性特点。会计档案是按照会计年度逐年形成的，具有一定的时间连续性特点。从会计档案中的各种记录和文件的形成程序来看，有关单位在会计活动中首先形成的是会计凭证，而后根据会计凭证所提供的数据制作各种会计账簿或按要求生成各种会计账册，最后根据会计账簿或会计账册编制各种会计报表等会计报告。这些工作步骤环环相扣，依时顺序形成，否则就会违背会计法规和有关会计工作制度。

从微观角度考察，每一项经济活动或财务开支，其业务工作由发生到结束，通常都是通过连续性的会计数据与信息的记录、加工实现的。在这一工作程序中，会计人员或会计单位就是根据会计立法、会计制度、会计计划等，依次形成了会计凭证、会计账簿和会计报告等会计记录和会计文件。这种文件与记录在内容和形成程序上的时间连续性特点，是会计档案区别于其他种类档案的主要特点之一。

3. 承载信息内容的严肃性

会计档案作为国家和社会经济活动的历史原始记录，它所承载信息内容是否严格按照有关会计工作立法、制度和规范来形成，直接关系到社会基础的稳定性。为了保证本单位正常的生产秩序和工作秩序、科研秩序等，各单位一般都从健全会计管理制度、明确责任目标、完善内部控制系统等方面，加强对会计文件、会计记录的管理和控制，以保证会计档案所承载的信息、数据的完整性、准确性和严肃性。

实践证明，如果疏于管理和控制，就会不可避免地造成所形成的会计记录和会计文件的伪误，失去其作为国家、社会、地区、系统、单位经济活动原始记录的品格，当然也会给社会造成巨大的危害，动摇国家的经济基础。可见，保证会计档案的严肃性是非常必要的。

4. 数据记录的平衡性

会计档案的三种主要存在形式会计凭证、会计账簿和会计报告，所反映或记录的同一项经济活动或财政开支的记录数据必须相符，不能出现相互矛盾、弄虚作假、虚报或瞒报等方面的问题。在会计电算化的今天，也会由于会计数据的录入不准确，会计系统操作人员的误操作，以及一些不法之徒有意篡改计算机系统程序或执行非法操作等方面的原因，造成各种相关会计核算数据的不平衡。

会计档案数据记录的平衡性，要求我们在会计管理实践中，必须始终注意依法行事，严格执行相关的法规、政策、制度、准则和规范，加强单位内部的有效管理和控制。此外，必须对有关责任人依法给予相应的奖励或处罚。

5. 会计记录与会计文件格式的规范性

为了严肃会计制度，保证会计核算工作的正常有序地进行，各个国家、各个行业和各个地区与单位，都无一例外地详细规定了会计记录、会计文件的具体格式或范式。从历史上看，不同时期的会计档案的格式一般均有所不同，但是在一定的时间界限内，会计档案的格式通常都是按照统一的规范格式形成的。会计记录、会计文件的名称、类型与它们所记录和反映的会计数据性质的高度一致性，也是会计档案与其他类型档案的主要区别之一。

（二）会计档案的类型

会计档案的种类划分，是指依据一定的标准将会计档案区分为各种类别的活动。在实际工作中，对会计档案的种类划分一般可以采用的划分标准包括：来源标准、文件种类标准、载体类型标准、价值标准、是否实现会计电算化等。无论采用哪一种标准对会计档案进行种类划分，都必须遵守一定的逻辑划分规则，否则就会造成划分结果的混乱。

1. 根据来源标准划分

会计档案可以分为：总预算会计单位会计档案、事业单位预算会计档案、企业单位会计档案、税收单位会计档案等。

（1）总预算会计单位会计档案是一种会计档案类型，专门用于记录和维护总预算单位的财务信息。这包括政府机构、国有企业等，其会计档案记录了这些单位的预算编制、支出、收入和资产负债等重要信息。总预算单位会计档案是公共部门会计的关键组成部分，有助于监督政府资金的使用和分配。

（2）事业单位预算会计档案是针对事业单位的会计档案。事业单位通常包括教育机构、医疗机构、文化机构等非盈利性组织。这些单位的会计档案记录了他们的财务活动，以确保资源的有效分配和管理，同时满足法律法规的要求。

（3）企业单位会计档案是为了企业和公司而设计的。这类会计档案主要记录了企业的资产、负债、收入和支出，以满足商业会计的需求。企业单位会计档案在商业领域具有重要作用，有助于企业决策、财务分析和合规性报告。

（4）税收单位会计档案是专门用于税收单位的会计档案。这包括税务部门、税务机构以及与税收相关的其他组织。税收单位会计档案记录了税收的征收、分配和使用情况，以确保税收体系的有效运作。

2. 根据文件类型标准划分

会计档案可以分为：会计凭证类、会计账簿类、财务报告类、其他类等。会计凭证类主要包括：原始凭证、记账凭证、汇总凭证、其他会计凭证。

会计账簿类主要包括：总账、明细账、日记账、固定资产卡片、辅助账簿、其他会计账簿等。

财务报告类主要包括：月度财务报告、季度财务报告、年度财务报告、其他财务报告等。其中每一种财务报告由会计报表、附表、附注及有关文字说明等部分构成。会计报表可以根据不同的标准划分为以下各个类别。例如，企业单位的会计报表根据其所反映的经济内容可以分为：反映财务状况的报表，如资产负债表及其附表；反映经营成果的报表，如利润表及其附表；反映资金流量情况的报表，如现金流量表等。

根据企业会计报表反映资金运动的形态，可以分为：静态报表（综合反映一个企业某一特定日期资产、负债和所有者权益状况的报表，如资产负债表）和动态报表（综合反映一个企业一定时期的经营情况或现金流动情况的报表，如利润表、现金流量表等）。另外，企业会计报表按照编报的时间可分为：月度报表（包括每个月末编制的资产负债表和利润表）、季度报表（包括每个季度末编制的资产负债表和利润表）、半年度报表（指每年6月末编制的资产负债表、利润表和现金流量表）、年度报表（包括年末编制的资产负债表、利润表、现金流量表和有关附表）。再如，预算会计报表按时间可以划分为旬报、月报和年报；按编报单位可划分为财政总预算会计报表和单位会计报表；按内容划分为资产负债表、预算执行情况表、收入支出表、附表及说明书等。

其他类主要包括：银行存款余额调节表、银行对账单、会计档案移交清册、会计档案保管清册、会计档案销毁清册，以及其他会计核算专业记录和会计文件。

3. 根据载体类型标准划分

会计档案可以划分为：纸质会计档案、胶片会计档案、磁介质会计档案、光盘会计档案等类型。

（1）纸质会计档案。纸质会计档案一直是会计管理的传统形式。这些档案以纸张为载体，包括会计凭证、发票、报表等文件，通常存储在文件柜或档案室中。纸质会计档案具有直观的特点，容易查找和阅读。然而，它们也有一些明显的缺点，如空间占用大、易受损和难以分享。尽管如此，一些组织仍然坚持使用纸质会计档案，因为其稳定性和可靠性。

（2）胶片会计档案。胶片会计档案是一种介于纸质和数字档案之间的载体。胶片通常用于存储会计图像，如微缩胶片或远程存储胶片。这种类型的档案可以在较小的空间内存储大量信息，并且可以通过放大设备轻松查看。胶片会计档案的一个优点是长期保存的稳定性，不易受到环境因素的影响。

（3）磁介质会计档案。磁介质会计档案，代表了信息化管理的一大步。这种档案以磁带、磁盘或硬盘等电子介质为载体，存储各种会计数据和文件。它们具有高容量和快速检索的特点，可以实现快速的数据备份和恢复。此外，磁介质会计档案还可以通过网络进行远程访问，从而提高了信息的分享和协作效率。然而，磁介质会计档案需要定期的维护和备份，以确保数据的完整性和安全性。

（4）光盘会计档案。光盘会计档案是一种信息化档案的进一步演进。这种档案形式以光盘或 DVD 为载体，具有更高的存储密度和长期保存的稳定性。光盘会计档案可以轻松存储大量数据，并且在物理损坏方面具有更强的抗性。此外，光盘会计档案也可以加密和密码保护，以增强数据的安全性。然而，与磁介质相似，它们也需要适当的存储和管理以确保数据的完整性。

4. 根据价值标准划分

会计档案可以分为：具有永久保存价值的会计档案、具有定期保存价值的会计档案等。

（1）具有永久保存价值的会计档案。具有永久保存价值的会计档案，是那些包含了持久历史和重要文化价值的档案。这些档案涵盖了组织或机构的重要决策、法律合同、财务报表以及其他具有长期历史意义的文件。它们对于维护机构的历史记录、传承文化遗产以及满足法律法规的要求至关重要。这类档案通常需要被妥善保管和保护，以确保其完整性和可访问性。通常，档案管理员需要定期进行档案评估，以识别具有永久保存价值的文件，并采取适当的保管措施，如气候控制和信息化备份，以确保其长期保存。

（2）具有定期保存价值的会计档案。具有定期保存价值的会计档案，是那些虽然对于当前运营和管理具有一定的价值，但并不需要永久保存的文件。这些档案包括了日常财务交易记录、员工工资单、采购订单等文件，它们通常需要在特定法规规定的时间内保存，以便在审计、法律诉讼或税务审计中提供支持。一旦保存期限到期，这些档案可以被销毁或归档以腾出空间，降低存储成本。然而，即使这类档案具有定期保存价值，也需要进行适当的索引和组织，以便能够快速检索并提供必要信息。

5. 根据是否实现会计档案电算化标准划分

会计档案可以分为传统手工会计档案和电算化会计文档两种类型。

（1）传统手工会计档案。传统手工会计档案的特点是依赖纸质文件，包括纸质凭证、账簿、报表等，会计师需要亲自记录、整理和存储这些文件。这种方式的优点在于直观、易于理解，以及无需高额的信息技术投入。然而，它也存在很多弊端，如易丢失、难以备份、不便于信息共享与检索等问题，同时也需要占用大量的物理空间。传统手工会计档案的管理效率和安全性都受到了挑战。

（2）电算化会计文档。电算化会计文档是一种借助电子信息技术进行会计档案管理的方式。它采用信息化记录、存储和处理会计数据，利用电脑软件和系统来自动化完成会计任务。这种方式的优势在于高效、精确，且易于备份、检索和分享信息。此外，电算化会计文档可以减少纸张的使用，有益于环境保护。在电算化会计文档中，会计数据通常以电子表格、数据库或专业的会计软件进行管理。这使得数据的录入和处理更容易，同时也有利于生成各种财务报表，以及进行数据分析。电算化会计文档还具有良好的安全性，可以设置权限，以控制不同用户对数据的访问。

（三）会计档案的价值

会计档案的价值，是指会计档案对人类社会的现实实践活动和长远的历史文化建设所具有的积极意义。它是由各种有用性和有益性构成的一个概念体。但是应当注意的是，会计档案的价值的产生根源，是各种会计记录、会计文件的形成者以及会计档案管理者等社会活动主体的各种有效付出的凝结。其中包含了这些社会主体的创造性劳动、智慧、经验、知识、辛劳等。因此，会计档案的价值实质上是反映了广大会计工作者、档案工作者同其他社会实践主体之间的一种交互关系。认识到会计档案价值的这种本质规定性，对于重视会计人员和会计档案人员等社会群体所承担职责的社会存在必要性，是十分有益的。会计档案的价值构成，主要包括以下方面：

第一，会计档案作为制订财务计划的重要数据源。在财务规划中，了解过去的财务状况是至关重要的。会计档案中包含了组织或企业的财务历史，这些数据对于预测未来的财务状况和规划财务策略至关重要。从历史数据中分析趋势和模式，可以帮助管理者更好地制定财务目标和策略，以确保经济的健康和可持续性。

第二，会计档案作为进行科学经济决策的信息源。在一个复杂的商业环境中，决策者需要准确的信息来作出明智的决策。会计档案提供了有关财务状况、成本结构、利润和损失等关键信息，这些信息对于制定战略、投资、融资和资源分配决策至关重要。决策者可以通过分析会计数据来选择最佳的经济路径，从而实现长期的经济增长和盈利。

第三，会计档案作为维护正常经济、工作秩序的法定书证。法律要求企业和组织保留并记录其财务交易，以确保透明度和合法性。会计档案作为法定的书证，为外部审计和监管提供了依据。这有助于防止财务不端行为，维护市场的公平竞争和信任，保护投资者的权益。

第四，会计档案作为研究社会经济文化存在与发展规律的重要文献源。经济学家、社会学家和历史学家经常研究会计档案以了解经济和社会发展的趋势。这些档案包含了各种不同领域的数据，包括就业、生产、消费和贸易，这些数据可以用来研究和分析社会的发展和变革。

第五，会计档案作为开展历史研究的记忆库。历史学家依赖会计档案来重建过去的经济和商业活动。这些档案包含了当时的交易、税收记录和财务报表，有助于研究过去的商业实践和经济发展。通过分析会计档案，历史学家可以还原过去的商业世界，深入了解历史事件和趋势的影响。

第六，会计档案作为储备会计工作经验、技术、智慧和教训的知识库。在组织和企业内部，会计档案记录了过去的经验和决策。这些经验可以帮助组织更好地应对未来的挑战和机会。会计档案中的数据和信息也可以用于培训新员工，传承组织的智慧和教训，确保会计工作的连续性和质量。

（四）会计档案的功能

一般来说，事物的功能是指该事物自身所具有的对其他事物发挥作用的能力。会计档案的功能，就是指它对其形成单位或社会的经济管理活动和历史文化建设等所具有的作用能力。在潜在的条件下，会计档案的功能是中性的，没有利弊、积极与消极之分。但是在显现的条件下，会计档案的功能则会以一定的作用形式表现出来，并且具有一定的倾向性，同时也会具有利弊、好坏之分。会计档案的基本功能主要包括：

第一，原始凭证功能。会计档案的一个主要功能是作为原始凭证的存储和记录媒介。原始凭证包括发票、收据、支票、银行对账单等，它们是财务交易的最初证明和记录。会计档案记录了这些凭证的信息，确保了交易的可追溯性和准确性。原始凭证功能帮助核实财务交易的合法性，并为日后的审计提供了重要依据。

第二，历史查考功能。会计档案还扮演了历史查考的角色。它们保留了过去的财务交易和记录，允许管理者和审计师查阅以了解过去的财务状况和活动。这对于制定财务计划、分析财务趋势和解决争议非常重要。历史查考功能有助于确保财务决策建立在可靠的历史数据基础上。

第三，历史记忆功能。会计档案具有历史记忆的功能，它们保存了组织或企业过去的财务活动和经验。这些档案记录了经济周期、市场波动和战略决策，帮助管理者了解过去的成功和失败。历史记忆功能有助于组织从过去的经验中吸取教训，制定更明智的决策，避免重复错误，并促进经济的可持续增长。

第四，维护经济秩序功能。会计档案在维护经济秩序方面发挥着关键作用。它们是法律要求的记录，必须按照法规和准则的要求进行维护。这有助于确保企业和组织遵守财务规范，防止财务不端行为，维护市场的公平竞争和保护投资者的权益。维护经济秩序功能有助于建立信任，促进经济的稳定和可持续性。

（五）会计档案的作用

会计档案的作用是会计档案功能的具体体现。在不同的社会历史时期，会计档案所表现出来的作用形式也是不尽相同的。陈智为曾经将会计档案的作用归纳为两个基本方面的作用，即会计档案"在国家宏观经济建设方面"的作用与"在机关、团体、企业事业单位微观经济管理方面"的作用。目前的会计档案的作用形式主要包括以下几个方面：

1. 信息保障作用

会计档案为国家经济建设实行综合平衡和制定国民经济发展计划，反映和考核国民经济各部门有关计划和预算的执行情况，提供重要的信息。会计档案可以为制定经济计划，进行经济可行性研究，开展科学的经济决策，有效地领导经济工作等，提供各种有用的数据和信息；同时，会计档案也可以为研究国家的经济建设活动规律和特点，为合理的经济政策的制订等项工作，提供重要的数据和信息资源。

2. 维系管理作用

会计档案是保护国家财产，打击经济领域犯罪活动和反对不正之风的有力工具。会计档案的这种突出的维系管理作用，已经得到世界各国政府的广泛重视，并且通过建立和健全有关的会计工作法律、法规、制度、规范等，保证会计档案内容信息的可靠性、完整性和系统性，以便充分发挥会计档案的这种作用。

通过对财务报表的分析，可以掌握企业单位的各方面的财务信息。企业的财务报告是由反映该企业财务情况和经营成本的相关文件和记录组成的。通常这种财务报告包括资产负债表、损益表、财务状况变动表（现金流量表）、有关附表、报表附注及财务状况说明书等组成。资产负债表是反映企业在某一特定日期企业财务状况的报表。损益表是反映企业在某一特定时期（月、季度或年度）内经营成果及其分配情况的会计报表。财务状况变动表是反映企业在一定时期内营运资金来源和运用及其增减变动情况的报表。财务报告附注主要以文字的形式对资产负债表、损益表和财务状况变动表的有关项目和内容，以及其他有助于正确理解财务报表的有关事项进行必要的说明和解释。财务状况说明书是对企业一定时期内财务、成本分析总结的书面文字报告，它全面地提供企业生产经营状况，分析总结企业的工作业绩和存在问题。

通过对会计档案的信息分析，企业可以了解和把握许多重要的数据指标。如销售利润率、总资产报酬率、资本收益率、资本保值增值率、资产负债率、流动比率、应收账款周转率、存款周转率、社会贡献率、社会积累率等，从而为企业今后的建设和发展提供必要的信息保障。

3. 监督检查作用

会计档案是监督、检查和维护国家财政纪律，确保国家利益不受侵犯的重要凭据。监督检查的作用在维护国家财政纪律和确保国家利益不受侵犯方面具有深远的意义。会计档案，作为监督、检查和维护国家财政纪律的重要工具，不仅在理论上具备这一功能，而且在实践中也发挥着至关重要的作用。

（1）会计档案对于保护国家财产具有不可替代的价值。国家财产的安全和保障是国家的根本利益之一。通过详实的会计档案，政府可以清晰地掌握财政收支情况，防止财产的滥用和浪费。这不仅有助于确保国家财产的安全，还能为国家的可持续发展提供坚实的财政基础。

（2）会计档案在监督国家财务制度和财经纪律的执行情况方面发挥着重要的作用。通过监督检查，政府能够追踪和核实政府机构和官员的财务行为，确保他们依法履行职责，不滥用权力，不涉及腐败行为。会计档案的完整性和准确性为监督机构提供了可靠的数据，有助于建立透明和负责任的政府机构。

（3）会计档案在查处违法经济案件和打击经济领域的犯罪活动方面发挥了关键作用。当发生财务不正当行为或经济犯罪时，会计档案成为查案的重要线索。通过分析会计档案，执法机关可以迅速发现不正当行为的迹象，采取适当的措施，维护社会经济的公平和正义。

4. 经济、历史研究作用

会计档案是研究经济和财政历史的可靠史料。会计档案是管理经济活动的历史真实记录，它的经济与历史研究作用，就是充分地开发利用高质量的会计信息资源，通过缜密的分析，总结与探索国民经济发展的经验、成果及教训，发现规律和所存在的问题，从而有针对性地进行相应的调整，正确地制订出一定时期的经济与社会发展战略、发展规划、发展方案。诚然，会计档案作为社会经济历史的真实记录，作为社会记忆的一个有机的组成部分，也是"今世赖之以知古，后世赖之以知今"的不可或缺的宝贵史料资源。

5. 凭证、查考作用

会计档案是机关工作、企业管理工作的必要手段和工具。会计档案的凭证作用，是由会计档案的特点决定的。从会计档案的形成过程来说，它是在各种会计核算活动中自然形成的，记录和反映了各个单位财政收支、资金使用及周转等活动的具体过程信息。它对任何依法建立的、相对独立的社会实践主体的经济活动和财务开支情况，都有明确的记录和反映。因此，会计档案是各个单位从事经济管理活动和财政管理活动的重要凭据或历史证据。已经建立了正常的会计管理制度并能够认真组织施行的单位，不但其会计档案完整、系统，而且也能据此有效地保证其正常的工作、生产或科研秩序，及时地解决问题、化解各种经济业务纠纷和矛盾。

会计档案的查考作用也是会计档案在机关、组织、企业事业单位工作管理中的一项重要作用。因为会计档案之中蕴藏着十分丰富的经济、财务、资金来源和利用等方面的数据和信息资源，它可以为各有关单位进行经济决策，制订科学合理的财务工作计划，提供可信的查考信息依据。

二、现代会计档案信息化建设的策略

（一）收集和挖掘数据

"我国信息事业不断发展的过程中，会计的业务执行主体也在悄然发生改变，随之会计档案管理工作也在进行着相应的改变。"[①] 在推动公司内部的档案信息化建设当中，要实现档案信息化发展。其中，将档案的纸质资料转变为电子文本来存储。在公司的系统中，财务人员由原先的档案资料纸质保存，逐渐转为电子保存，来实现单位内部会计档案信息化发展。通过在单位内部的财务管理系统中设置档案保存功能，这样会方便财务人员及时地将档案信息存储在系统内部，这样也方便后期对于档案资料的查询、搜索、传递和保管。

（二）构建档案信息的管理平台

管理人员通过建立档案的管理信息系统平台，实行会计档案全生命周期管理，将会计档案从制、存、查形成一整套的全生命周期管理流程，存储海量的数据信息，减轻财务人员工作压力。并且在信息系统内，通过设计档案数据的检索、报告和统计功能等，发挥会计档案价值。在大型企业内部，管理人员会对档案数据进行实时的控制。通过利用信息系统，来查阅、保存档案资料，提高单位内部对于档案资料的管控能力。

1. 软件信息系统的建设

（1）转变传统的管理思想。公司内部的财务人员要转变自身对于会计信息化的传统思想观念，公司内部的高层管理人员也要高度支持财务信息化的建设。公司内部的有关领导人员也要以身作则，加强对单位内部会计信息系统建设的监督，以提高单位内部财务数据管理信息化的水平。

（2）优化设计会计档案信息制度。公司内部的财务人员要建立完善的会计报表编制标准，并且制定的财务分析报告需要与单位内部的真实性经营状况相匹配，来提高会计报表中财务数据的真实度。

第一，财务人员通过科学地处理单位内部财务数据，以提高报表的质量水平，公司也需要结合未来经营发展战略，来制定会计档案的管理标准，并提高单位内部档案管控能力。

---

①朱明黎．会计档案管理信息化的实践研究［J］．商场现代化，2014，（29）：238.

第二，公司也要建立完善的财务控制制度，来提高单位内部对于各项财务信息数据的管控能力，并且在统计和核算财务数据期间，避免造成数据的遗漏等不良问题。

第三，公司还要建立财务档案的数据管理信息系统，利用现代化的数据系统，来管理公司内部各类档案数据资料，这样可以提高档案存储的安全性。在现在的信息化时代下，科学地保存档案数据信息对于整个公司经营起着至关重要的作用，应用信息化的手段会提高信息检索的效率。

（3）重建会计档案管理架构。公司内部的财会人员利用信息化手段相比原先保存传统的纸质档案来讲，信息化的工作效率较高。

第一，需要单位内部财务人员与外部财务系统供应商对现有的信息进行改造和优化设计，以拓宽财务系统功能。将会计档案的功能整合到系统内部，并要求公司的高层管理人员让各个业务部门，包括生产部门和采购部门等，将各类业务数据资料录入系统平台。这将有助于财务人员及时收集业务数据，提高单位内部核算的准确性。

第二，在公司内部，也要建立档案信息管理的控制模型，以及制定信息的发展规划，才能够推动公司内部会计档案数据的信息化发展；并且，在公司内部建立完善的财务控制决策知识体系，来推动单位内部会计档案信息化的发展。

第三，从事会计档案管理人员开展相应的技术培训，以提高档案管理人员的信息管理能力，并引入先进化的信息化管控思想理念，提高单位内部整体的档案管理水平。

2. 硬件系统的建设

（1）构建会计档案信息网络在推动公司内部的会计档案信息化。进程中，公司内部的硬件系统会直接制约到整个信息系统建设步伐。因此，就需要公司内部高层领导人员给予档案信息硬件系统建设一定的资金支持和政策支持，购买外部高端先进的硬件设备，提高单位内部档案存储的效率，有效地推动档案信息化、数据化的发展。这样也会提高财务工作人员的档案存储效率，以及提高财务人员数据分析的质量水平。

（2）建立会计档案安全管理机制在公司内部营造。一个良好档案信息化的管理氛围，并且要在财务部门优化设计档案的安全管理机制，进而增强档案安全存储的效果。此外，还要在信息化系统内部，设置数据查询、数据存储的权限，以提高单位内部档案数据的保密性；在软件内部，给各个工作人员设置不同的管理权限，来实现档案资料的分级查询、分级管控以及加强对档案资料存储、使用、查询等各个活动监督监控；并且，公司内部的信息管理部门还要实现会计档案网络的物理隔离，也要给内部的会计档案资料实行双备份。

（3）建立会计档案的辅助决策系统。在公司的经营期间，公司的高层管理人员要组织内部的财务部门有关人员建立财务档案的数据管理系统，来为公司的投资决策活动提供数据支持。由于会计档案的管理工作内容比较多，而且档案管理标准较为严格一些。因而，就给工作人员带来较大的工作困扰和难度，公司应组织各方力量来构建会计档案的辅助系统，来为公司的投资决策工作提供必要的数据支持。

（三）建立会计档案的辅助决策系统

在公司整体经营期间，公司需要构建会计档案的决策辅助系统，通过在系统内存储大量的会计资料信息，这时就可以提高会计存储的质量。并且，投资人员在项目的研判分析中，可利用系统去查阅相关的会计资料，提高单位内部投资决策的效率和质量，并且也会给公司高层领导人员提供财务决策数据支持。

第一，提高会计存储质量。现代企业面临着庞大的会计数据流，包括收入、支出、资产、负债等各种复杂的财务信息。在过去，这些数据可能以纸质形式或简单的电子文档存储，但随着业务规模的扩大，这种方法已不再适用。会计档案的决策辅助系统允许公司以更有效的方式管理和存储这些信息。这可以通过数字化存储、云计算技术和数据库管理实现。因此，这个系统有助于提高数据的完整性、准确性和安全性，从而确保会计数据质量。

第二、提高内部投资决策效率和质量。投资是公司发展的关键环节之一。内部投资决策通常涉及到资金的分配、项目的选择和风险的评估。建立会计档案的决策辅助系统可以在这方面提供重要的帮助。投资人员可以利用系统来查阅相关的会计资料，以便更好地了解不同项目的财务状况。这包括历史财务表现、成本结构、现金流情况等。通过系统化的数据检索和分析，内部投资决策的效率和质量都会显著提高。

第三、为高层领导提供财务决策数据支持。公司的高层领导需要在战略层面制定决策，这些决策会对公司的整体方向产生深远影响。这包括扩张计划、合并收购、资本开支等战略举措。在这些关键决策中，财务数据是至关重要的。建立会计档案的决策辅助系统可为高层领导提供实时的财务数据支持。他们可以轻松地访问公司的财务状况、财务报表、预算情况等信息，这有助于制定更明智、更可靠的决策，同时也有助于在公司内部建立更强的财务透明度和管理控制。

（四）培养会计档案工作人员信息化能力

在公司的经营当中，公司的高层领导人员要提高其对档案管理工作的重视，给单位内部从事档案管理工作的职工开展相应的信息技术培训，以提高员工的信息化管理水平。要求内部的职工要严格地按照公司的各项信息管理制度、规章来管理档案的查询、使用、存储等各类活动。公司内部的会计档案资料保存质量直接跟单位内部的管理人员有着密切的联系。只有提升相关人员的专业能力和职业素养，才能够综合地提高单位内部财务档案的管理水平。要在单位内部开展相应的信息技术学习、培训交流活动，使先进的信息化技术在公司内部有更深入的应用和融合。此外，公司还要引入外部高端、高水平的信息化人才，并提高单位内部现有人员的信息管理水平，进而提升单位的综合信息能力。

第四节　现代电子档案管理工作信息化建设

电子档案是指利用多媒体信息技术在移动终端记录的档案资料，是信息时代发展出来的产物。区别于传统纸质档案，电子档案的构成更加多元化，电子档案中不仅有文字信息，还涵盖丰富的图片、视频、音频，内容更加简洁明了，信息覆盖更加全面。另外，电子档案的传播并不受时间和空间限制，只要网络畅通就可以完成档案的调取和传输，避免在借阅的过程中出现档案损毁或遗失的情况。随着科技的进步，档案的数量日渐增多，传统纸质档案的管理过程相对复杂，一些机密性较高的档案，还需要层层审批才能借阅。而在使用电子档案时，只需在检索框中输入关键词，就可以获取所需资料，大幅度提升档案管理和查询的时效性。

一、电子档案与传统档案的区别

第一，电子档案保管位置较分散。传统档案是把所有要保管的文件实体集中统一管理，集中在本单位的档案室。电子档案保管位置比较分散，有些是通过下载将信息转移到光盘、磁盘上集中于档案部门，还有些会采用在线将信息资料转移到指定地址进行管理，电子档案形式多样，相对分散，管理程度广。

第二，电子档案保管技术程度高。电子档案是人们通过一定技术手段将载体、信息和系统联结在一起，如磁盘的老化、信息受病毒、计算机系统升级管理和控制的难度远超了传统档案管理。

第三，电子档案信息再利用即时性强。可以同时以不同的形态分流归档，有资料价值进入资料库，成为新的电子文件。

第四，电子档案可以在线利用。摆脱了地域和时间的限制，查找文件速度快、效率高，实现信息和数据的共享，而传统档案不足之处也逐步显现出来，利用者必须去档案室办理一定手续才能利用档案，相对拖延了时间，降低了工作效率，并且往往只能一个人使用，不能进行信息资源共享。

二、电子档案信息化管理模式

（一）电子信息化管理模式的意义

1. 提高档案检索的效率

电子信息化档案管理工作有效地对上述弊端方面进行了弥补，从而使得管理人员的工作量缩减，后期的档案查阅和分析都变得比较容易，降低了档案管理工作出错的概率。目前，对于档案的检索和应用而言，电子信息化管理模式是一种十分有效的方式。

2. 提高档案管理工作的效率

任何工作流程都有特定的工作方法，其也离不开相关工作人员和部门的协调配合。构建电子信息化档案管理的平台，在信息资源共享和各个部门人员之间的沟通方面提供了更加便利的工作环境，也缩短了工作的时间，将工作效率提升。通过对以往的调查和工作经验进行分析，电子信息化档案管理平台建立完成之后，企业对于档案的利用率也提升，节约了工作的时间和工作的成本。

3. 提高档案管理工作的时效性

利用电子信息化管理模式，通过使用软件对于档案进行分类管理，保证了档案管理工作的时效性和准确性，在全面提升档案管理质量方面发挥了作用，可以第一时间将档案归纳到数据系统中，为查阅提供了更为便利的条件，避免滞后性问题的发生。

（二）电子档案信息化管理模式的建设策略

1. 做好档案的收集和整理

档案的收集与整理工作十分重要，传统的纸质档案管理工作在时间和空间方面要求比较高，限制也比较大，为了做好电子信息化档案管理工作，就需要在实际的工作中做好规范化的档案管理和收集工作，提升工作的逻辑性和系统性，方便档案查阅。

为了实现规范化的发展，就需要建立起档案分类管理的工作模式，科学地进行档案分类，从而提升档案管理工作的延续性。另外，需要建立起规范化的管理指标与体系，尽最大的努力完善档案资料。制度的保证对于电子信息化档案管理至关重要，这也是提升档案管理工作水平的必经之路，需要将档案管理工作纳入考核工作体系中，建立起覆盖全面的工作体系，在此项工作中完善保管制度、查阅制度、安全管理制度等，杜绝不规范行为的发生。

2. 加强硬件和软件建设，建立网络档案系统

在当下的档案管理工作在技术能力方面不断提升，建立起更为信息化的服务模式，利用互联网和大数据进行档案收集工作，也将原本的线下工作转移至线上进行，提供接受远程数字查询的服务工作，根据自身下载的资料等进行分析，减少时间和精力的投入，保证档案的高效管理。电子信息化档案管理需要建立在软件和硬件设施的基础上，还需要在实际的工作中满足各方面建设工作的需求，进行统一化的管理工作，促进网络平台的深入应用，建立起完善的共享信息系统，提升电子信息化档案管理的能力。

3. 推进数字信息资源库建设，加强电子档案归档工作

为了加强电子信息化档案管理工作建设，需要在以下几个方面提升工作的能力，更好地服务于电子信息化档案管理工作。

（1）需要在本单位的归档工作中，增大信息化的管理力度，做好数据库的分类工作。加强信息化管理力度，以便更好地组织、存储和利用重要的文件和数据。这包括建立和维护一个高效的数据库系统，以便快速检索和访问必要的信息。我们需要建立一个明智的文件分类系统，文件分类是信息管理的基石，它有助于确保文件易于查找和保留。我们可以根据文件的类型、日期、重要性等因素来设计分类系统，以便将文件合理地归档在数据库中。此外，为了确保文件不会丢失，我们需要定期备份数据库，以应对潜在的数据丢失风险。

（2）对于没有及时归档的文件，需要集中做好统一化的管理工作，根据档案的类型进行扫描工作，根据相关的工作经验进行判别。统一化管理工作对于确保文件的完整性和可访问性至关重要。为了更好地实施这一目标，我们可以制定详细的操作流程和标准化的文件管理政策。这将有助于减少人为错误，提高文件管理的效率，确保文件可以随时被查找和检索。

（3）提升档案管理人员的工作能力，在不断发展的过程中，档案管理事业具有更高的工作要求和技术方面的挑战，这就需要档案管理工作者无论是科班出身还是半路出家，都需要提升个人的业务素质与能力，在原有知识的基础上不断提升自身的能力与素养，将现代化的档案管理相关知识落实到位，更好地服务于档案管理的相关工作。专业知识方面，需要工作人员在档案管理理论、档案编纂理论、档案保护技术等方面进行深入的学习，还需要在专业技能如计算机应用技术、缩微摄影技术、光盘技术、复印复制技术等方面不断操练，提升工作能力，从而使自身的素质能力和综合能力都得到提升。除了进行理论和技能的学习之外，档案管理工作人员之间也需要不断探讨，加强学习与交流，从而取长补短完成相关的工作，不断发现档案管理工作中出现的问题和不足，对档案管理工作进行优化与提升。

三、现代电子档案信息化建设

（一）电子档案是档案信息化的基础

用先进的电子档案管理系统让各部门在信息化技术平台上实行快速检索和利用，从而实现档案信息资源共享。

第一，利用价值和资源共享方面。随着信息化时代的到来，档案工作人员能轻而易举地在信息库检索自己需要的档案信息，不再是"孤本"限制，一份文件可以同时提供给需要的人共享；通过计算机网络，进行异地传递调阅利用成为可能，具有跨区域的超速查询，扩大档案的利用空间，提高信息利用价值，实现网络资源共享。

第二，成本降低，工作效率提高方面。为了避免传统档案利用方法对档案资料实体的多次翻来覆去所造成的大量时间上的浪费，又重复劳动力，电子档案信息的查询利用工作实行的智能一体化，简化传统档案查询的烦琐流程，从而提高工作效率，降低信息利用成本。

第三，保管和保护档案实体安全方面。通过使用权限控制可以直接在网上查阅打印，减少调阅、复印次数降低库存档案的老化，解决了反复借阅和保管之间的矛盾，从而对库存档案进行有效的保管和保护，确保实体安全，还有异地异质备份电子档案副本，规避灾难性后果和恢复模糊蜕变，方便做好档案防火、防盗、防紫外线、防水、防潮、防尘、防高温、防污染等防护工作。

（二）现代电子档案管理信息化建设的意义

1. 提高信息检索效率

随着信息技术的发展，将新的电子档案管理模式融入档案管理工作中，实现得到改善和优化，减少工作人员数量的同时提升档案管理工作的效率和质量，为后期的信息检索和查阅提供便捷，避免人为工作出现失误对档案管理工作的顺利开展造成影响，因此，电子档案管理信息化建设具有一定的必然性，也是有效完善和发展档案管理工作体系的重要途径。

2. 提升档案管理工作效率

现阶段，我国已经全面进入信息化时代，档案管理工作信息化建设是时代发展的必然要求。要构建信息化管理平台，对档案资源实现共享，使不同工作部门和工作人员进行有效沟通和交流，提高工作的流畅性，使档案管理工作得以顺利开展。同时，信息管理软件的应用使档案管理工作的效率得到明显提升，为相关企业节约了大量的经济和时间成本。

3. 提升档案管理工作时效性

应用电子软件对档案进行分类处理，提高档案管理工作的时效性，缩短了管理时间，节约了大量的人力资源和时间成本，在档案管理工作中发挥重要的作用，很多重要的资料和档案第一时间更新到档案管理系统，为档案资料的查询和提取工作提供便捷，也避免了档案管理工作中其他问题的出现。

（三）现代电子档案信息化建设的运用

1. 档案的收集和整理工作的提升

在电子档案管理工作中，关于档案的收集和整理工作十分关键，传统工作的开展受到技术原因的限制，很多纸质版的档案对空间和时间的要求很高，工作限制因素很多。在信息时代背景下，电子档案管理工作提高档案管理工作效率和工作质量，特别是在档案的收集和整理工作环节发挥了重要的作用，使整个工作的系统性和逻辑性得到明显提升，也为后续的档案查阅提供了便捷。很多档案都是由许多卷宗构成的，一些比较久远的档案没有固定的编号，所以会导致管理工作出现混乱，为了满足电子档案规范化管理的要求，应该不断完善档案分类管理工作体系，对档案进行科学的分类和管理，使整个档案管理工作具有持续性。同时，建立电子档案管理标准，对现有的档案资料进行完善，对提升电子档案管理水平和质量具有重要的作用。

2. 构建电子档案网络管理系统

档案管理工作在新形势下应该作出积极的改变，更好地满足档案管理工作的要求。以往的档案管理工作中，由于受到其他因素的影响，很多电子档案管理设备没有得到及时的更新，对于实施现代化管理技术存在一定的阻碍。因此，相关部门应该不断提高技术能力，提高信息化服务水平，善于运用互联网和大数据技术，对电子档案管理工作进行优化和创新，促进电子档案管理工作向线上管理方向转变，应用数字查询手段为电子档案管理工作提供便捷管理，有效减少档案管理工作人员的数量，实现电子档案的高效管理。电子档案信息化建设需要依靠完善的硬件设施和软件体系，只有具备完善的硬件与软件设备，才能实现档案的信息化和统一化管理，构建网络信息服务平台，完善档案信息管理系统，进一步提高档案管理的效率和质量。

3. 建设信息资源数据库，实现电子归档

企业在进行档案管理工作时，应该进行信息化管理，通过数据库进行档案的分类，对于一些没有及时归档的重要档案和文件，应该进行统一化的管理，通过对档案的扫描确定

档案的类型，结合以往的工作经验对其进行辨别和归类，实现档案的电子归档。还要不断提升档案管理工作人员的个人素养，善于运用先进的技术和设备，促使档案管理工作更加规范和科学，在工作中不断学习新的信息技术和管理手段，包括档案的保护技术、档案管理的理论知识等。同时，还要了解和掌握计算机技术、光盘技术和复印复制技术等，提高个人的综合能力和综合素养。不同工作人员之间应该加强技术交流，取长补短，对工作问题进行高效处理，优化和提升档案管理工作的质量。

第五章　现代城市规划档案管理信息化建设

第一节　现代高校档案管理信息化建设

高校档案是国家档案资源体系的重要组成部分，能够为高校教学、科研、人事、财务等各项工作的有序开展提供参考依据。"高校档案信息化能够为档案提供良好的存储环境，提升档案管理质量，促使档案管理规范化，促进档案资源开发利用，推进学校各项工作的开展。"①

一、高校档案信息化建设必要性

（一）满足自身发展的需要

高校是培养人才的摇篮，高校档案工作涉及教学、科研、财务、人事等各个部门，形成了对学校长足发展具有重要价值的各类档案，在辅助决策方面发挥着重要作用。得益于信息技术的发展，我国大部分高校已经完成智慧校园建设，设有数据中心统一管理学校各类数据，为学校进行智能决策提供了良好的条件。

当前，高校的各项管理工作已经逐步实现了信息化管理，如学校 OA 办公系统的有效运行，线上处理各项业务且能够实现电子文件的即时归档，极大地提升了归档效率，为学校各项工作提供了良好的档案信息支撑。可以说，当前信息化建设是学校长足发展的重要措施，"双一流"高校、"双高计划"职业院校等战略计划的实施对学校信息化建设提出更高的要求。为更好地促进学校各项事业的发展，实现档案信息化建设是必然举措。此外，高校还建成了数字档案馆业务管理平台和数字档案馆操作练习平台，档案信息化建设成效明显。

（二）紧跟时代新趋势

近些年来，随着时代的发展和进步，国家在高校改革方面新政策、新规定层出不穷，

---

①文玉花、郭斐. 高校档案信息化建设策略研究［J］. 德州学院学报，2022，38（05）：91.

使得高校档案资料管理工作愈发重要。随着电子计算机技术、计算机信息技术的不断创新和引进，传统的高校档案管理方式方法逐渐被淘汰，慢慢淡出了高校档案管理的舞台。而各种新概念、各种新模式、各种新技术的不断涌现和渗透，使得档案信息化建设逐渐被广大师生认可。由此看来，档案信息化建设，是高校档案管理工作的新趋势和新需求。

（三）更新工作新方法新方式

在传统的高校档案管理工作中，由于技术、设备、模式方面存在些许欠缺，导致实际的高校档案管理工作往往存在各种问题和困难。通过将计算机技术和信息技术进行渗透和植入，可以对现阶段高校档案管理工作进行全面化和精细化改进，从而促进高校档案管理工作的规范化和标准化。与此同时，随着社会生产技术的不断提升，高校档案馆藏数量也持续性攀升，现有的档案馆储藏空间有限，无法满足新时代档案管理需求。通过档案信息化和信息化建设，可以改善高校档案管理工作新方法和新方式，使得档案管理工作可以实现全面化收集、整理和鉴定、保存，全面促进高校电子档案资料管理的科学化、信息化和专业化。

（四）推动高校档案管理的重大变革

从档案资源的发展历程来看，档案资源管理工作，是伴随着人类社会的发展和进步，由来已久的资料管理形式，见证了人类社会发展历史记录，是人类社会不可替代和不可或缺的信息资源形态。高校档案管理工作，是人类社会档案资源管理的结晶。利用计算机技术与信息技术，可以将各层次档案资源管理与高校信息化建设相结合，可以最大程度上实现档案资源管理的集聚，充分实现社会档案资源的共享，改变传统馆藏模式下的高校档案资源管理模式，充分发挥出高校档案资源管理社会价值与经济价值。由此可见，高校档案资源信息化和数据化管理形态，是对传统高校档案纸质管理模式的突破变革。

二、信息化建设对高校档案管理的影响

（一）拓展高校档案管理的功能

1. 信息传递功能

为了更好地顺应社会潮流，满足时代的发展需求，建设现代意义上的校园成为目前高校发展的主要方向。在高校档案管理过程中，大部分文件被信息技术信息化后录入计算机，并由档案管理人员通过相关软件对其进行分类、整理、价值鉴定和著录标记等。与此同时，每份文件都有相关的特征信息标注，以便于以后更快、更准确地查找和检索。

随着大量电子档案的保存，高校档案管理工作室在具有档案文件管理身份的同时，演变成了信息管理中心。其优点在于，可将公示性文件放在校园内部网络平台上，实现档案资源的共享，在提高工作效率的同时，使每一位使用者对档案管理的认知更加清晰，并为其提供高效的服务。这样，在实现高校档案管理应有功能的同时，进一步突显了其枢纽功能。

2. 宣传教育支撑功能

高校档案记录高校的发展历程以及文化特色，是对高校大量原始数据的一种保存。信息技术在高校档案管理工作中的应用，可使其所记载信息更为原始地呈现出来，体现其在宣传教育方面的支撑功能，如档案实物展示，举办专题讲座、知识竞赛等。为相关活动的开展提供了教学、科研成果等方面的信息，以发挥高校档案管理应有的作用；主动搜寻、发掘、收藏档案中的特色信息，继而有针对性地进行规范、整理，从而体现档案管理的宣传教育功能。

（二）加快高校档案管理工作建设进程

1. 加快高校档案管理的公正、透明化建设进程

在进行校园日常事务管理的基础上，利用信息技术建立档案信息平台，并在此平台上设立信息公告栏，对学校的教学特色、办学条件、招生章程、教师任职资格、就业和出国要求等信息进行展示，从而使教师和学生更为清晰地了解与自身相关的信息。扩展高校档案管理功能的同时，加快了高校档案管理工作的公正、透明化建设进程，增强高校档案管理的服务性和专业性。从一定意义上讲，也有利于高校档案管理服务水平和能力的提高。

2. 加快高校档案管理的信息共享建设进程

高校档案管理的最终目标是服务于使用者，为其提供更为快捷、方便、准确的信息服务。实现高校档案管理信息共享是社会发展的必然趋势，也是高校档案管理未来的努力方向。信息技术的广泛应用则为高校档案管理的信息共享建设增添助力。与此同时，它还将我国所有高校的档案信息有效、系统、紧密地联系在一起，使得我国各大高校之间达到了一种前所未有的互通有无的状态。高校业内信息共享服务系统和平台的建立，为我国高校广大师生与科研人员学习、工作活动的开展提供了便利，节省了资源、提升了效率。

3. 加快高校档案管理的工作效能建设进程

加快了高校档案管理的工作效能建设进程，主要体现为简化了档案管理的程序和内容，提高工作效率。

（1）区别于传统的档案管理模式，高校档案信息化管理将档案信息转化为数据存储起

来，节省了大量的空间。同时，高校档案信息化管理的存储效能更为长久，减少工作人员整理、修补方面的时间消耗。

（2）信息化技术的应用还简化档案信息的整理、加工流程，提高档案管理的工作效率。

（3）档案检索关键词的运用还缩短管理人员或使用人员的查询时间，在提供方便、快捷的服务的同时，使得高校档案管理工作提升到更高层次。

（三）增强高校档案管理的服务性

1. 为高校档案管理的服务功能奠定了技术基础

高校档案管理的首要内容，是对已有的、有价值的纸质档案进行收集、整理和保存。存档方式的转变促使档案收集范围进一步扩大，保存形式灵活化，使得高校档案管理的服务功能进一步完善，为其提供更优质的服务奠定了良好的技术基础。

2. 服务功能更加人性化

信息化建设在高校档案管理工作中的实施，拓展了其管理工作的人性化服务空间。信息技术对高校档案管理影响深远，扩展高校档案的保存形式，使得高校档案信息由单一性向综合性发展。

信息技术的应用还可转变高校档案管理的服务形式，依据需求者的心理变化提供个性化的档案服务功能。例如，在校园网站上或档案管理网站上增设用户注册功能，进行必要的审查之后，依据用户的不同需求提供相应的在线咨询服务，增设专业提档服务功能；对于专业性较强的学科，开展有针对性的参考咨询服务，建立一个档案管理者与使用者之间的信息交流平台，从而促进相关教学、教研工作的开展，发挥高校档案管理应有的信息导航作用。

（四）对管理工作人员提出更高的要求

第一，对高校档案管理工作人员的专业技术水准提出更高要求。高校档案管理工作人员除了掌握必要的档案收集、整理、分析等档案管理方面的专业技术外，现代意义上的高校档案信息化管理还要求相关工作人员具备必要的计算机基本操作能力，并在此基础上能熟练运用计算机对高校档案进行收集、整理等方面的工作。与此同时，在网络环境较为复杂的情况下，档案管理人员还应注重加强自身的档案安全意识，时时做好网络安全防护工作，提高自身在现代网络安全方面的技术水准，以便为高校档案管理提供一个安全的网络环境。

第二，对高校档案管理工作人员的职业素养提出了更高的要求。网络虚拟环境的建立为人们的生活平添了更多的信息。对于高校档案管理工作人员而言，坚决抵制不良信息，加强自身的职业素养培养，对高校档案管理具有重大的意义。信息化时代的到来对于高校档案管理而言是一把双刃剑，应使其积极影响最大化，尽量避免不安全因素对其产生的负面影响。这就要求学校和管理人员自身切实加强职业素养方面的培训，为高校档案管理工作的顺利开展提供思想保障。

三、高校档案信息化建设的策略

（一）积极加快高校信息化校园网络建设

为了积极适应新时代下的互联网和信息化建设，绝大多数高校都建立自己的校园网，学校情况、教学情况、资源情况、业绩情况在网上公开。在新时代信息化背景下，高校要提高信息化校园网络建设水平，适应信息化档案资源管理需求，满足高校档案信息化建设要求。

第一，各地区高校要在信息化校园网络基础上，加大基本信息和网络设施投入，要全面推进信息管理系统化。

第二，要积极运用先进的计算机和信息技术，建立起以档案资源管理为核心的多媒体全文数据库，同时开展档案搜索、档案传递、档案公开功能，实现高校档案信息资源网络咨询目标。

第三，要加大对高校信息化校园网络安全投入力度，尤其在档案资源信息化安全管控方面，要从技术角度、设备角度、人员角度等全面入手，确保高校档案信息资源可以始终保持在保密和安全的标准基础上。

（二）积极构建高校档案信息资源数据库

提升高校档案信息化建设水平，积极构建高校档案信息资源数据库，是必要的途径和措施。

第一，积极组建档案目录。要将档案馆资源信息目录直接录入到计算机存储器当中，实现数据库管理系统和数据库系统的有效链接。数据库主要是用来存储结构化的信息知识，而数据管理系统则是在操作系统管控下，对数据信息用户访问控制，从而确保数据信息系统的完整性和安全性。无论是图像信息、视频信息还是文字信息，都可以直接录入到档案信息资源数据库中。

第二，积极构建档案信息检索。对于建立好的档案资源信息库，要积极搭建档案信息检索功能，要将数量庞大的信息化档案信息，直接管理得井井有条，发挥出计算机技术和信息技术，在资源信息检索中的快捷和精准化功能。在进行档案信息检索功能构建时，相关人员要正确区分不同的档案信息种类，要实现对信息资源的信息化处理，保证检索查询系统可以全面、系统、精准提供档案信息。

此外，建立档案著录标引和档案机读目录，对档案资料的主题内容、载体物质、参考价值、管理情况进行标注，为档案目录数据管理提供必要的技术支持。

（三）储存档案资源信息

在新时代发展背景下，高校应该利用信息网络技术对档案资源信息进行储存，并且在高校的每个领域根据大量的档案进行资源管理服务，注重对分散在每个层面的档案资源信息进行有效采集、加工以及储存；并且从海量的档案数据资源中提取价值相对较高的档案信息进行存储，优化档案储存功能。

高校档案管理部门，应该重视和解决好新时代发展背景下高校档案管理中面临的挑战和问题，做好高校档案管理的各项工作。要加大对数据库容量的更新和维护力度，保证档案数据的存储安全；要建立和完善档案资源服务体系，利用好档案的有效价值，更好地服务高校的发展和建设。

（四）全面提高高校档案信息化建设安全化性能

计算机网络信息技术的应用，确实提升高校档案管理品质和效率，但依然存在着某些安全漏洞和问题，尤其是共享信息和数据，使得高校档案管理工作中，系统信息被篡改的危险性较高。为此，在互联网技术背景下，提高信息化档案管理的安全性，显得至关性重要。

第一，高校档案管理人员要从网络共享需求出发，在系统设置上增加访问权限，积极做好身份识别，强化对高校档案管理的管控力度。

第二，高校档案管理人员还要定期进行网络安全维护，必要时可以设置防火墙，进行安全软件更新和升级。

第三，高校档案管理人员，要定期做好网络设备管理和革新工作，要定期对网络设备进行清洁，对于发现的网络设备软硬件问题，要做好安全性与保护性预防工作。

第四，高校档案管理相关部门，要积极研发和制定出档案电子信息管理制度，实现档案信息公开、档案信息安全、档案信息管理机制建设精细化，形成系统化和精准化档案信息化建设激励和约束机制，最大程度上防止档案信息资源泄密和失密。

第五，高校档案管理相关部门，要居安思危，对于关键性和重点性的档案资料，可以根据需要进行电子档案提前或者异地备份，积极开辟数据安全和备份空间，对于关键性和重点性电子档案和音像档案资料进行专库化管理。

（五）加快档案信息化标准制定，重视档案管理软件开发

在进行高校档案信息化建设过程中，档案管理部门要加强档案信息化标准设计。可以从信息资源、使用标准、制度建设、资源输出、执行标的等方面入手，全面进行档案信息化标准制定。

积极借鉴其他地区高校经验教训，参考其他高校档案信息化治理技术和标准，通过制度化设定、资源化输出、执行标的完善，对高校档案信息化建设进行全面规范。高校档案管理还要重视档案管理软件开发，将最新研究成果直接运用到档案信息化管理工作中。在档案管理软件开发中，要严格按照国家规范和标准进行研发。同时，研发对象和主体要紧密结合本校档案管理实际需要，避免出现无用功现象。可以采取与软件公司、相邻高校、科研生产单位进行合作，研发出具有自主知识产权的档案管理软件，全面提高高校档案信息化技术水平，进而实现自主知识产权档案管理软件在全国高校中的全面性推广和执行。

（六）强化高校档案信息化人才队伍建设

高校档案信息化工作的顺利开展，需要一支档案信息化人才队伍。构建一支具有计算机及信息化知识结构、高素质高水平高素养的现代化人才队伍，是十分必要且十分重要的。

第一，高校档案馆相关部门，要在提升档案相关工作人员政治素养的同时，加大对工作人员信息专业化的培训力度，尤其要加强档案管理相关人员在新技术、新设备、新方法、新模式方面的培训，使得他们可以与时俱进积极掌握信息技术知识，提高他们在运用计算机技术与信息技术方面的技能。

第二，各地区高校档案管理部门，要紧密结合本校档案管理需求及实际，积极吸纳高素质现代化管理人才，直接进入到档案管理体系当中，对现有传统管理模式进行革新。或者采取"不求所有但求所用"的柔性流动方式，保证高素质、高学历、高能力的档案资源管理人才可以"取其所长"和"物尽其用"，全面提升高校档案信息化建设水准和效率。

第二节　现代单位档案信息化建设

一、现代单位档案管理内容

统筹管理现代单位档案基础资料，并记录下相关的重大事件，是目前现代单位档案管理的一项重点内容，直接影响着现代单位档案管理工作的正常开展。信息化是当今世界经济和社会发展的主流，随着信息时代的飞速发展，档案保管工作变得极其重要，故应高度重视该项工作，并投入相应的人力、物力、财力，以保证该项工作顺利开展。现代单位档案管理涉及社会信息、人力资源信息、质量技术信息、管理信息等诸多方面。

现代单位档案管理工作并非只是查阅、管理资料，作为管理人员，应对档案实行全面管理，对资料进行鉴别，对档案进行研究，编制和保管各类资料，及时向需要的单位和个人提交档案文件。档案管理是行政管理工作的一部分，为有关部门提供依据和借鉴，而这种作用与意义也将随着社会文明程度的提高而日益扩大。

现代单位档案管理是一切管理工作的核心，也体现着现代单位的发展过程。档案中记录了单位所取得的重要成果，并且能够合理引导现代单位档案管理工作有效开展。另外，对档案管理工作进行持续优化和改善能够帮助组织人员熟悉当前的工作环境，找出并解决工作中出现的实际困难，从而优化改进工作，并使现代单位管理者掌握工作的实际状况和所取得的重要成果，进而有效指导管理工作。

二、现代单位档案信息化建设的优势

在档案管理中融入信息化技术能够延长档案保存的时间。现代单位在日常工作中会产生大量的档案资料，而且这种档案资料基本以纸质材料为主，如果将纸质材料长时间放置在指定环境中，没有及时整理或打扫，很容易造成材料损坏；或者是在遇到突发情况时，海量资料难以在第一时间得到保护或转移。而信息化档案管理方式的利用可以使档案数据通过后台系统直接传输到指定硬盘或移动端平台中，不仅不会占用大面积的空间，还可以实现档案资料实时调取，非常方便。而且现在大部分系统都有备份功能，即使数据被损坏或误删，也能通过平台进行数据恢复。

加强现代单位档案信息化建设的具体措施优化档案管理信息化系统平台现代单位档案信息化建设工作的核心内容之一就是加强档案管理信息化系统平台的设计工作。在对信息化系统平台的各项功能进行优化时，应该着重使用多种档案信息资料数据采集工具，保障

信息收集的多样性和完善性，这样也有利于信息化系统平台可以及时收集到单位内部以及各种业务系统中的归档资料数据，从而实现对其的有效收集、利用、鉴定等，提高档案管理的效率和质量。

提高档案信息化管理的标准性和安全性要想促使当前现代单位档案信息化管理工作实现标准化发展，就必须充分根据现代单位的实际情况制定更加完善的档案信息化管理体系，明确现代单位档案的分类、格式、编目、归集、整理等工作的标准，进一步提高档案数据的规范性与安全性。档案信息化管理工作会涉及大量复杂的单位内部档案资料，所以更应该注意凸显档案信息化管理的安全性。对于现代单位档案信息采集工作，一方面，要对内部资料进行明确划分，特别是一些涉密或机密文件，需要按照标准对档案进行归类、采集以及后期存储载体的转换，保障档案的安全性；另一方面，要对现代单位内部档案资料的制作收发、复制传递、保存使用等环节作出明确规定，涉及机密文件的，要按照保密规定进行，最大可能避免资料数据丢失、泄漏等问题的出现。除此之外，要做好档案管理信息化系统软件、硬件的升级维护工作，特别是要做好档案资料备份工作，防止系统长时间不更新而发生数据丢失的问题。对于一些内部资料的销毁，应严格按照电子档案管理标准执行，按照特定程序逐步进行，防止风险发生。

三、现代单位档案信息化建设的意义

现代单位档案是对单位内部的人、财、物、事等多方面工作的真实记录，在领导决策、工作考查、机构改革、保障职工合法权益方面有着非常关键的作用，同时其也是保障现代单位不断完善自身监督体系，有序开展工作的基础。另外，其在国家档案资源体系建设方面也有着较高的价值。伴随当前信息化技术的发展以及自动化办公模式的不断普及，档案管理信息化建设工作逐渐融入现代单位档案管理工作中，这也表明当前现代单位需要对内部工作做好重新定位，实现转型升级。

而在此关键工作节点上，现代单位需要精确了解传统档案管理工作中存在的问题，制定高效的改进措施，以提高工作人员的综合素质，优化档案管理制度，调整档案管理模式，为档案管理信息化建设工作的开展创建更多优势条件，进而提高现代单位档案管理效率，使其顺应新时期社会主义市场经济的发展需求，做到内外同步革新。

现代单位是将政府职能作为根本宗旨，且具有公益性的单位主体，一个优质的现代单位能够极大地推动社会公共服务高质量发展，这也间接性地证实了现代单位存在的必要性和重要价值。而现代单位的档案管理工作则直接影响着现代单位人才招聘、管理等工作的开展以及自身职能的发挥。现如今，社会不断发展进步，现代单位的规模体系逐渐壮大，工作人员数量大幅增加，导致现代单位档案管理模式难以满足现实需求，传统管理方式暴露出一定问题。比如传统手工记录的档案管理方式不仅需要耗费大量的人力和物力，甚至需要占用大量的时间和空间成本，时间久了还会出现档案信息错误、档案丢失、档案泄露等诸多问题。

而在信息化背景下，逐渐成熟的信息化技术为当前现代单位档案管理改革优化奠定了坚实的基础，同时也为其提供了充足的技术支撑。从实际反馈情况来看，在信息化发展背景下对档案管理工作进行优化具有划时代的意义，这也是未来社会发展的必然趋势。传统的档案管理方式落后，档案管理机制单一，档案信息收集渠道局限性较大，信息集成、分析、评价体系不健全，这些问题需要相关单位提高重视，积极寻找解决办法。

四、现代单位档案信息化建设的策略

（一）完善现代单位档案管理制度

完善现代单位档案管理制度，是推动档案管理工作高效开展的关键。一套完善的档案保管制度能够有效推动现代单位档案的全面管理工作。因此，必须从制度上入手，对档案管理人员开展档案管理工作职责的规范指引，合理分工，以发挥档案管理工作的作用和使用价值。现代单位在开展实际档案管理工作时，需明确档案的主要内容，公平分配工作内容。

加强专业档案管理人员队伍建设现代单位在开展具体工作的过程中，要加强专业人才队伍建设，促进专业人才与高素质人才的融合，尽可能地留住人才。在人才认定过程中，现代单位也可以将档案信息化管理发展为行业特色，继续投入更多的人力、物力、财力，让更多优秀人才看到相关工作的前景，增强本单位的引才、聚才能力。

引进外来人才需要花费更多的人力、物力、财力，现代单位可以从内部档案管理人员的再教育入手，建立有组织的拔尖创新人才培养体系，使他们掌握更先进的技术，完善其知识体系，丰富其知识储备，提高档案信息化管理效率。现代档案管理人员必须具备较强的信息技术能力，在信息管理等方面有所建树，以适应现代单位档案管理创新、改革和发展的需要。因此，现代单位应从内部人才培养的角度出发，不断构建行之有效的人才培养机制，通过完善辅导培训体系、确定课程内容、促进对外交流合作、检验培训成果等方式提升对档案管理人员的培训质量。

（二）提高档案管理流程标准化程度

在开展现代单位档案管理工作的过程中，需要根据各类档案的功能和内容，确定合理标准的档案管理流程，并对本单位各个时期产生的档案进行分类，以了解各类档案的适用范围，同时结合各部门实际情况，确定恰当的管理模式，提升对各类档案资料的管理效果，加快各项工作的实际开展速度。

从现代单位各部门的具体工作要求和相关模式出发，根据具体内容调整档案管理程序和要求，做好档案相关信息处理工作，以确保现代单位档案内容的完整性和准确性。在完善现代单位档案管理流程的同时，要将各类档案的实际管理水平提升到一定水平，从档案管理工作存在的不足入手，制订合理的解决方案，认真克服现代单位档案管理运行中出现的问题，以促进现代单位档案管理服务质量提升。另外，建立档案安全防范制度，提升现代单位档案管理服务质量和效益，增强档案安全意识，制定严谨的档案管理安全规范，建设完善的安全防范机制，以确保突发性档案安全问题能够得到及时有效的解决。加强计算机网络安全防控体系建设，定期排查计算机网络病毒、隐患和漏洞，确保及时发现各种威胁档案文件安全的问题。当前现代单位要在原有基础上实行档案管理新模式，因地制宜，牢牢把握工作重点，利用先进的互联网技术收集档案信息。

（三）加大资金投入，加快信息化建设

现代单位要加大资金投入，改善现有的档案管理设备状况。为档案管理人员配备专用的电子阅览室，严格按照现代化档案建设标准，并采取防火、防水和防盗的安全措施。同时，要防止日光直射，若采用人工采光方式，应正确选用防爆型式，以免引发重大火灾。

现代单位档案管理事业的蓬勃发展要通过不断拓展投资途径，多措并举，共同筹集发展资金，才能有效提升档案管理信息化水平。现代单位要与国家财政管理部门深入交流，争取国家扶持资金，通过设立档案专项资金，不断促进档案信息化建设水平提高。此外，必须意识到公共机构的档案管理任务繁重，不断优化管理模式，加大信息系统建设投入，进一步推动档案管理信息化建设，满足当前档案管理工作需求。在信息基础设施建设上，引进更先进的设备设施，不断提高档案分类和数据采集效率，确保各类档案数据得到合理处理，利用信息技术对档案数据进行加密。引入个性化管理软件，根据自身实际情况对档案管理人员进行动态管理，加强和提高考勤统计、档案信息、工作成果及相关证件的保密性，开展公共平台建设活动，公开部分非涉密档案材料，以便人们可以更好地访问它们。基础设施建设还应引入安全管理设施，防止相关设施设备受到环境变化的影响。及时开展巡查活动，出台各项管理维护机制，确保各项基础设施有效运行。

此外，还有必要引入更为先进的信息管理系统，以提高查询和使用档案数据的速度。借助先进的信息技术设施设备，充分发挥信息技术的实时性和便捷性优势，有效提升现代单位的档案管理质量，保证其在档案管理工作中得到充分利用。将重复性工作转化为高技术含量、高洞察力的内容，为各项管理决策提供保障，优化现代单位管理方案，加强技术

研发和创新，提升现代单位档案管理能力。

随着现代信息技术的迅猛发展，信息化管理正逐渐成为现代单位档案管理改革的必然选择。信息化设施对提高公共机构的档案管理效率和水平具有重要作用。因此，在实际开展过程中，现代单位档案工作人员应采用系统方法搜集档案信息，并把这些信息准确录入电脑，以便对档案信息进行快速整理，并制作出正确的电子档案。在现代单位档案管理模式下，要对纸质档案与电子档案进行同步管理，以有效加强和完善现代单位的日常档案管理工作。

总之，要切实提升现代单位档案管理工作开展的实际效果，充分发挥各类档案在现代单位专项业务工作中的作用，为现代单位的顺利开展提供全方位的支撑。当前形势对现代单位档案管理发展有了新的要求和目标，对此，现代单位应该从管理方法、制度体系和专业人才队伍建设等方面入手，将信息技术与档案管理相结合，从而切实提高现代单位档案管理的发展水平。

第三节 现代医院档案管理信息化建设

一、医院档案管理的要求

医院档案门类较多，尤其是繁忙的医疗业务活动，需要保留大量的业务归档材料，必须依据有关法律、法规及各项规章制度的规定，通过合法手段和方式，对符合规定要求的档案资料、各种形式的文件载体进行规范化、合理化、科学化的管理。

（一）档案内容合法

医院档案管理在现代医疗体系中扮演着至关重要的角色。它不仅是医院内部信息的存储库，还被用于信息的查询、借鉴、沟通和交流，从而对医疗工作的协调和协作起到关键作用。然而，为了确保医院档案的合法性和可靠性，有一些重要的准则和规定必须被严格遵守。

第一，医院档案必须确保其内容的合法性。这意味着档案中所包含的信息必须完全合法，不得包括任何违法、不道德或侵犯隐私的内容。例如，患者的病历信息必须受到隐私法律的保护，未经患者许可不得随意披露。医院档案管理人员必须严格遵守这些法律法规，以确保档案内容的合法性。

第二，档案内容必须是真实可靠的。这意味着档案中的信息必须准确无误，反映了患者的真实情况和医疗记录。医院档案管理人员必须采取适当的措施来确保档案中的信息准确，例如通过双重核对、信息化记录等方式。只有在信息真实可靠的情况下，医院的医疗工作才能够得以有序进行。

第三，医院档案内容必须符合国家各项法律法规的规定。不同国家对医疗档案管理可能会有不同的规定，医院必须遵守当地法律法规，以确保档案的合法性。这可能包括数据存储期限、隐私法律、电子健康记录标准等。医院档案管理人员需要了解并遵守这些法规，以确保档案内容的合法性和合规性。

第四，医院档案管理的另一个重要方面是减少各种违法、违规现象的发生。这包括防止信息的滥用、篡改或泄露。医院应采取适当的安全措施，例如加密、访问控制、定期审计等，以确保档案内容的安全性。此外，员工培训也至关重要，他们需要了解医院档案管理的最佳实践，并遵守规定。

（二）管理模式合法

医院档案管理是一项复杂而重要的任务，它贯穿医院的各个环节和步骤，从信息的归纳、储存、积累到查询等，都需要建立合法的管理模式以确保一切合规合法。在这个过程中，必须严格遵守国家和地区法律法规的各项规定，并制定一系列的规章制度，加以制约和监督，以维护医院档案管理的合法性和可信度。

第一，医院应当建立明确的档案管理政策和流程，确保所有涉及档案的工作都是基于法律法规的规定进行的。这包括确保档案的归纳和储存按照规定的时间和方式进行，不得随意修改或删除信息，以免违反相关法规。

第二，医院应当建立一个专门的档案管理部门，负责监督和管理所有与档案有关的事务。这个部门应当由专业人员组成，他们应当了解档案管理的最佳实践和法规，以确保医院的档案管理工作得以合法执行。这个部门还应当定期进行内部审计，确保档案管理的合规性和可靠性。

第三，医院还应当建立一个完善的信息安全体系，确保档案内容不受未经授权的访问或泄露。这包括建立访问控制、加密技术和定期的数据备份，以防止信息的滥用或丢失。合法的管理模式应当包括了解和应对信息安全威胁的计划，以确保档案的机密性和完整性。

第四，医院档案管理模式的合法性，也需要与信息技术的发展同步。现代医疗领域越来越依赖于信息化档案管理系统，因此，医院需要采用合法的电子档案管理系统，并确保其符合国家和地区的电子健康记录标准。这包括数据的安全传输、存储和访问，以及遵守电子医疗记录隐私法律的规定。

总之，管理模式的合法性对于医院档案管理至关重要。合法的管理模式不仅确保了档案内容的合法性，还有助于维护医院的声誉和信任。医院应当采取积极的措施，建立明确的政策和流程，设立专门的档案管理部门，建立信息安全体系，以确保医院档案管理的合法性和可信度。只有这样，医院才能够为患者提供高质量、合法合规的医疗服务。

(三) 管理程序合法

按照法定程序，把好档案管理从收集信息、资料储存等整个过程的质量关，掌握科学性、可行性，注重依法审查、检验、记录和交接，有的放矢做好收集、归纳，依法记录、整理、收藏，严防遗失。

医院档案必须依法管理。也就是说，在法律允许的情况下，对医疗、行政等资料文件和各种信息的进行归纳、整理及控制。在医院档案管理各个程序上，要建立完备的管理体系。实现医院档案管理公开化、社会化、法治化，杜绝违法现象、违法行为的产生。对于机密、秘密、绝密级的档案，要严格管理使用权限，不能违法公开、任意传播，更不能利用所掌管的机密、秘密、绝密级的档案为单位或个人牟取非法利益。

二、医院档案信息化建设的思考

随着信息技术的迅速发展，信息资源信息化、网络化的进程进一步加快，医院档案数字信息化的建设成为当务之急。如何使医院档案信息加速向信息化方面发展，构建准确、及时、经济、安全的档案信息信息化系统，成为当前医院档案管理工作者认真思考和不断探索的问题。医院档案信息化建设要从医院软硬件设施的投入：建立标准化、规范化体系；档案信息总资源的建设；网络档案信息检索系统建设等角度对档案信息资源进行规划、建设，为利用者提供优质的服务。

(一) 档案信息化建设在医院档案管理中的价值及地位

1. 档案信息化建设在医院档案管理中的优势价值

(1) 以自动化管理方式提升医院档案管理水平。通常情况下医院档案中收录的信息较多，除患者病历信息外，还包括医院内部人员安排信息、医院发展历程以及经营信息等，在传统的医院档案信息管理过程中以人工管理方式为主，且由于医院档案中涉及的信息较多，所以管理人员需负责档案的整理、归类、保存以及查阅等，人工管理方式除耗费大量的人力资源外，在管理过程中还会出现一些遗漏问题，而借助信息技术，除能节省人力资源外，对各类档案信息的处理非常高效，管理人员仅需做好管理系统的维护工作，而针对一些重复性较高的管理任务，则完全可通过信息技术完成，所以通过信息技术对医院档案进行管理就具有便捷性、自动化以及高效的特征，能保证各项管理工作有条不紊地进行，且基于信息技术下的医院档案管理模式将更加规范化。

（2）优化档案的查询和检索流程。医院内一些档案比较重要且需要经常被调用，但医院档案的总量往往会处于一个不断增加的状态，所以在传统档案管理过程中，管理人员即便是将所有的档案进行归类存储，但由于总量过于庞大，在海量的档案中寻找需要的信息也是一件非常困难的工作。

此外，现阶段医院的档案信息大多是纸质形式，因此在使用过程中需考虑磨损率，基于此，在对日益增长的医院信息展开查询和检索过程中，必须考虑如何提升管理效率，而通过信息技术对医院档案展开管理，不仅能有效地避免档案磨损的问题，而且借助于强大的搜索引擎，还能达到快速检索和查找相关档案信息的效果。

（3）提高档案信息的共享程度。在现阶段共享已成为信息管理的重要内容，医护人员需经常性地查找档案信息，而后将这些信息分享，通过做好档案的信息化管理工作，能极大地提升医院档案的共享水平。档案管理人员可借助局域网或互联网，形成共享、共用的医院的档案管理模式，这些档案在共享过程中能够被全国各大医疗机构使用，这对间接推动我国医疗事业的发展同样具有重要意义；与此同时，借助信息技术能为医院档案信息的修改或更正提供更多的便利，当档案需要分享、转接时，仅需要 U 盘或依托互联网技术就能达到这一目标，同时通过信息技术还能进一步完善医院档案的交流程序，所以极大地提升档案分享效率，同时还能提升医院档案的利用价值等。

（4）提升医院档案管理的安全指数。医院。通过信息技术对档案进行管理，纸质档案将转变为电子档案，所以能有效地缩减纸质档案的存储空间以及消耗的材料等。医院内档案的数量较多，其中就不乏存在一些重要性较高、价值较大的档案，且一些档案甚至还会影响医院的后期发展方式，而如何确保这些档案的安全性始终是管理人员所面临的主要问题，在医院中，这些档案主要面临损坏风险、丢失风险以及修改风险等。基于信息技术下的管理模式优势，在安全性方面，医院内的档案信息全部储存在云端或计算机中，所以并不会出现档案由于受潮、发霉或虫蛀等产生的损坏风险；此外，依托一些专业的信息管理平台，能有效地防止医院档案丢失或被恶意篡改的现象，且在使用过程中档案并不会受到时间和空间的限制，所以，在医院档案管理过程中强化信息化建设，对于保证档案的安全性、控制管理成本、提升分享效率以及保证档案信息的安全性等方面具有重要意义。

2. 信息化建设在医院档案管理中的地位

（1）信息化建设是现当代医院档案管理的必然需求。由于受互联网技术的影响，医院在各个方面的管理模式也发生一些改变，包括档案在内的众多管理工作均开始意识到信息化建设的重要性。由传统管理方式向现代化管理方式的转变，是医院管理工作的一大突破，同时也是进一步提升我国医疗水平和医院服务质量的重要举措。在当代的档案管理过程中，能将体系庞大的档案信息统一整合起来，并实现各类档案资源的共享，这是传统档案管理所无法完成的工作，所以档案管理信息化建设能促进医院档案管理的现代化水平，同时也是医院管理工作发展的必然要求。

（2）提升医院档案管理的整体效率。信息技术的出现对各行、各业都提出新的要求，所以医院也要紧跟时代发展步伐，构建先进的信息化管理机制，依托先进技术提升管理效率。档案管理作为医院管理工作中的重点内容，将对医院发展水平和服务质量产生直接性的影响，而信息化建设往往能弥补一些传统管理工作中的缺陷和不足，所以能提升医院档案管理的整体效率。

（3）提升管理人员的综合能力。当前管理人员不能仅具备管理能力，而在依托信息技术展开档案管理过程中，医院档案管理人员除要具备基本的管理能力外，还需具备解决信息交通不畅通的能力，所以在信息技术的支持下，档案管理人员的管理水平和信息技术水平将得到极大的提升。

在医院档案管理中应用信息技术就要求管理人员必须具备以下两方面的能力和素质：①管理人员必须具备的基本的职业操守以及高尚的职业道德情操，医院内的档案信息种类较多，除医院患者信息外，还存在大量的医院机密，且信息技术下的医院档案比较集中，所以对管理人员而言，可操作性和可查阅性较高；②管理人员必须具备信息技术能力，基本的传统管理能力已很难适应新时代下的档案管理工作，若管理人员存在信息技术能力缺乏的现象，在进行管理工作时就会面临异常困难，进而对整个医院档案管理工作的质量造成不利影响。

（4）提升医院的竞争能力。医院承担着救死扶伤的重任，同时医院也带有营利性质，所以同样需提升竞争力以获得经济效益。医院的发展以及竞争力的提升离不开创新，而在档案管理过程中依托信息化建设同样能为医院的发展提供保障。随着国家对医疗领域的不断重视，各种类型的医疗机构应运而生，这在一定程度上提升医疗行业的市场竞争力。在医院的竞争力提升策略上，不仅要重视医生综合水平和医院设备水平，更要重视管理水平的提升，在各方面提升患者以及家属的满意度，通过构建信息化档案管理模式，能有效缓解管理和医护人员在档案方面面临的压力，并提高档案的管理工作效率，进而促进医院发展和提升医院的竞争力。

（二）医院档案信息化建设的紧迫性

1. 医院档案业务工作的紧迫要求

近年来，医院发展规模越来越大，涉及面向精、细、广方面发展，形成的档案数量和门类相应增多，门类由原来的十大类增加到现在的十二大类，新增了声像档案、电子档案；档案载体类型由过去单一的纸质档案发展为以磁盘、光盘等多种磁性材料为载体的档案。另外，医院档案在医疗水平达标、科研开发、临床医疗纠纷、院志研究等方面的作用也越来越受到社会的关注与认可。

2. 国家信息化建设和档案事业发展的紧迫要求

全国档案信息化建设的主要任务是围绕档案信息化基础设施建设、资源建设、应用系统建设、规章标准建设、人才队伍建设、安全保障体系建设的六个方面进行。各市也纷纷作出指导性意见，要求各医院要建立档案信息网站，实现档案管理现代化和医院办公自动化。

3. 拓展医疗科技档案与临床档案服务的紧迫要求

档案管理归根结底是信息资源的管理。信息资源的社会价值在于开发利用，开发利用的效果取决于开发的时效和利用的广泛程度。医院档案不能只局限本单位内，而应该将档案社会化，利用现代化管理手段储存各种信息，便于利用和开发，也就能产生更广泛的社会效益。有利于全国乃至国际的医学交流，吸纳外来权威的、崭新的医学知识，同时也将本单位的经验推广到社会上，促进医疗事业的共同发展。

4. 推动医院档案业务方便、快捷、高效的紧迫要求

（1）医院档案信息化建设可以提高档案管理的效率。传统的纸质档案管理需要大量的时间和人力资源来维护、整理和检索档案。而信息化系统可以将这一过程自动化，使档案的存储、检索和分享变得更加便捷。医护人员可以轻松地访问患者的医疗历史，从而提供更为个性化的医疗服务。

（2）医院档案信息化建设有助于减少错误和提高医疗质量。电子档案系统提供了强大的数据验证和审查功能，可以帮助医护人员检查患者信息的准确性。此外，它还可以自动化警报系统，以便及时识别患者的过敏反应、药物相互作用等问题，从而减少医疗错误的风险。

（3）信息化档案建设增加了数据的可访问性和共享性。医院内的各个部门可以更容易地共享患者信息，促进协作和协调。这对于多学科医疗团队来说尤为重要，因为他们需要实时的、准确的患者信息来作出决策。此外，信息化系统还支持远程访问，使得医生和护

士可以随时随地获取患者信息，提高了医疗服务的便捷性。

（4）医院档案信息化建设还有助于降低成本。虽然初始的投资可能较高，但长期来看，信息化系统可以减少纸张、办公用品和存储空间的成本。此外，减少了烦琐的手工工作，使医院工作人员能够更专注于提供医疗护理。

（5）信息化档案建设还有助于遵守法规和隐私要求。这一系统可以提供强大的安全性和访问控制功能，以确保患者信息得到妥善保护。这有助于医院避免法律诉讼和数据泄漏风险。

（三）医院档案共享服务信息化建设

1. 医疗档案信息的特点

（1）真实性。医疗档案的信息必须具备真实性，这意味着记录的数据必须反映患者的真实情况和医疗事件。医疗专业人员必须诚实地记录患者的症状、诊断、治疗和进展，以便提供准确的医疗照顾。信息的真实性对于决策制定和患者照顾至关重要，因为基于虚假信息作出的医疗决策可能会导致严重的后果。

（2）准确性。准确性是医疗档案信息的另一个关键特点。医疗档案中的数据必须准确反映患者的病情和治疗历史。错误或不准确的信息可能导致错误的诊断和治疗方案，这对患者的健康造成潜在风险。因此，医疗专业人员在记录和维护医疗档案时必须非常小心，确保数据的准确性。

（3）集成性。医疗档案的信息集成性是指不同医疗部门和医护人员之间的信息共享和交流。医疗照顾通常涉及多个医疗专业人员和机构，因此信息必须能够在这些不同的实体之间无缝传递。集成性有助于确保患者在不同医疗场所接受的医疗服务都能够基于相同的信息基础进行，从而提高协同照顾的质量。

（4）完整性。医疗档案信息的完整性是指信息记录必须全面，包括患者的全部医疗历史、诊断、药物治疗、手术记录等。不完整的信息可能导致遗漏关键的医疗细节，从而影响到患者的照顾。医疗专业人员必须确保将所有必要的信息记录在档案中，以便提供全面的医疗服务。

（5）对象专属性。医疗档案的信息是与特定患者相关的，因此具有对象专属性。这意味着医疗档案中的数据仅与特定患者有关，不可随意访问或共享。保护患者隐私是医疗伦理的一部分，因此医疗机构和从业人员必须采取措施确保医疗档案的安全和机密性。这包括限制对档案的访问和确保只有经过授权的人员才能查看或修改档案信息。

2. 医疗档案信息共享服务策略的作用

（1）有利于发挥医疗档案的凭证作用。档案的凭证价值是档案不同于其他各种资料的最为本质的特点。档案是确凿的原始材料和历史记录，它可以成为考查、研究、和处理问题的依据，认定法律权利、义务与责任的依据。

医疗档案对于医、教、研各个方面具有凭证价值。医务人员根据患者以往医疗档案信息，包括既往史、过敏史、外伤史、手术史，以往基础疾病如高血压、糖尿病、心脑血管病，遗传病史如传染病史、家族史来进行医务处理。在医学教学方面，根据以往医疗档案信息总结疾病规律，应用于临床治疗。相关科研人员根据大数据共享的医疗档案信息，结合大数据与实验结果，总结病情转归规律，应用于临床治疗与教学活动中。

（2）有利于促进医疗技术交流提高。社会整体角度考察，档案不仅是人类社会实践活动的记录者和承载者；作为凭证与信物，档案中还积淀、凝聚着丰富的文化内涵，是人类社会发展所必需的精神文化财富，也是人类文明进步的阶梯。医疗档案信息存储于信息共享平台，由专业的档案工作人员定期地进行处理与维护，从而有利于医疗事业的积累。传统的纸质病历因数量众多，而医疗机构医务科的病历储藏空间有限，大量医疗档案无法安置在指定位置，不利于相关人员的查找。目前众多医疗机构已经实施院内信息共享，然而各个医疗机构诊疗患者数量有限，医疗档案信息也是有限的，建立医疗档案信息共享平台，可以尽可能多的信息由专业医务人员从医学角度编辑、整理、分类，作为医疗事业的文化积累。实现医疗机构医疗档案信息共享，可以实现各级医疗机构的医务工作人员互通有无，加强交流，提高医疗水平，扩大各级医疗机构的诊疗范围，减少医务人员流动，提高诊疗效率，真正实现了医疗服务均等化。有利于博采众长，促进中西医的发展与交流，实行医院档案信息共享，可以使医务人员及时利用数据平台、信息化图书室，与国内外优秀的医务工作者进行技术交流，参阅先进医学资料，总结医务工作经验，交流分享心得，促进医务工作人员的医疗技术和诊疗手段。

（3）有利于实现优质医疗资源共享。优质医疗资源集中在大城市中的大型医疗机构，地方医疗卫生资源、诊疗和服务能力严重不足；不同地域、不同医疗机构之间信息分割观念严重，信息沟通渠道不畅，缺乏有效协调机制，甚至处于无序竞争状态；各医疗区域间、医疗机构间的医疗服务能力差距悬殊，不仅在医疗规范化建设方面相对落后，医疗服务质量也差强人意；建立医疗档案信息共享服务，可以实现优质医疗资源共享。医务人员根据信息平台的信息，借鉴科学、先进的诊疗方案，提高疾病的治愈率，减少术后并发症，从而实现优质医疗资源共享。

（4）有利于准确判定医疗责任（医患纠纷）。档案所特有的原始记录属性使其成为令人信服的、系统完整的真凭实据。医疗档案信息产生于医务人员工作实践之中，具有真实可靠、系统详实特点。医疗档案包含着所有医务人员在治疗过程中使用的治疗方案与病情变化，记录着医患双方应承担的法律、经济等权利与义务。一旦就此产生疑问、争执甚至出现医患纠纷时，医疗档案信息都具有无可辩驳的证据作用，可以有效地平息矛盾、解决相关的利益归属问题，确保国家整体利益以及所有医患双方正当、合法权益不受侵犯的真凭实据。

3. 医疗档案信息共享服务策略

（1）医疗档案信息共享服务策略的可行性。建立医疗档案信息共享服务策略对于医院是可行的，因为现代医疗体系日益需要跨部门和跨地域的信息共享。这有助于提高医疗决策的准确性和患者照顾的质量。医院通常拥有更多的资源和技术支持，因此能够更好地实施信息共享策略。此外，政府和医疗机构对医疗信息共享的法规和政策也逐渐完善，为这一策略的实施提供了法律依据。

（2）现代信息技术对医疗档案信息共享服务策略的支撑。现代信息技术在医疗档案信息共享中发挥着关键作用。电子健康记录（EHR）系统、云计算、大数据分析等技术使医疗信息能够更加安全、高效地共享。医院可以通过实施这些技术来建立电子化的医疗档案系统，实现信息的快速传递和共享。此外，这些技术还有助于实现医疗数据的互操作性，使不同医疗机构之间的信息共享变得更加容易。

（3）经济的发展为三级医院医疗档案信息共享服务策略提供物质支撑。随着国家经济的发展，医疗领域也得到更多的投资和资源。这为医院提供了建立医疗档案信息共享服务策略所需的物质支撑。医院可以投资于信息技术基础设施、培训医护人员，以及建立数据中心等方面，以确保医疗档案的高质量管理和共享。此外，经济的发展也意味着更多患者能够获得医疗保健，从而增加了医疗档案信息共享的需求。

（4）社会对医疗档案信息共享的需求。社会对医疗档案信息共享的需求不断增加。患者和家庭希望他们的医疗信息能够在不同医疗机构之间共享，以便获得更好的医疗照顾。此外，医疗研究和公共卫生领域也需要大规模的医疗数据来进行研究和政策制定。因此，建立医疗档案信息共享服务策略可以满足社会各方面的需求。

三、医院病案档案信息化管理

医院病案档案是指医疗机构对患者进行诊疗和治疗过程中产生的相关文书、记录和资料的档案归档管理系统。这些档案包括患者的基本信息、病史、临床诊断、治疗方案、手术记录、用药情况、检查结果、护理记录等一系列与患者医疗过程相关的文件和信息。医院病案档案的管理对于医疗机构的正常运作、患者医疗质量的监控和医疗研究都至关重要。这些档案通常需要按照法律法规和医疗标准进行妥善的归档和保管，以确保患者隐私和医疗记录的完整性。病案档案信息化管理是病案管理的高级阶段，需要更高的技能、更好的工具和更复杂的加工方法。病案档案信息化管理的最终目的是利用，病案的价值体现在病案利用上，因此病案利用既是病案档案信息化管理的重要环节，又是终末环节。

（一）病案管理的作用

病案具有备忘、备考、守信和凭据的作用。在医疗活动中，病案能客观地记录患者的诊治、检查过程，以便医务人员及时复核患者的既往病情，具有备忘作用。病案又是临床、科研、教学工作宝贵的基础资料，是评价整个医院医疗质量、医疗技术水平、管理水平及反映个人出生记录的重要依据，因此在医院临床、科研、教学、管理、医疗统计、出生证明等方面具有备考作用。此外，病案还可为社会保险机构、医疗保险机构、单病种付费、疾病相关诊断分组预付费供给真实的、权威的原始报销凭据，因此在基本医疗保险、商业保险、医疗付款等方面具有凭据作用。病案中的病情知情同意书、手术知情同意书等患者或其家属签署的资料是对医患之间法律关系的承诺，也是解决医疗纠纷或医疗事故、判定法律责任等的事实证据，因此是病案守信作用的具体体现。

病案档案信息化管理工作不仅是病案档案信息化管理人员的职责，而且与医院全体工作人员的工作息息相关。医务人员在书写病案时应根据 2010 年 1 月卫生部颁布的《病历书写基本规范》，结合住院病案实际，客观、真实、规范地记录患者的生活习性、病情、诊断、治疗、预后及护理等医疗实践过程。在病案利用时，应严格遵守病案查询和借阅制度；与病案工作相关的科室应供给病案信息和检查资料，以保证病案信息的及时性和完整性。

（二）病案信息处理与质量控制

1. 病案信息处理

病案信息处理指对病案资料内容进行加工、存储。对病案信息进行处理的方式有手工处理和电子处理两种。手工处理病案一般采用手工登记姓名索引、疾病索引等形式，不仅检索速度慢、信息不全，不能深度提炼病案信息。病案资料的电子处理主要根据计算机输入检索条件，如疾病、医师姓名、出院科室等，然后从计算机输出所需病案信息检索数据，从而对这些数据进行统计、分析、比较和监测。

病案资料的信息化处理内容包括对病案首页信息的加工和将纸质病案载体转化为电子病案两个方面。病案首页信息反映患者住院期间诊断、治疗、护理等基本信息。病案首页信息录入有利于病案基本信息的提取，但对随访信息、专题信息的检索，目前只有少数医院能够开展。此外，深度提炼病案信息只有在纸质病案转化为电子病案后才能实现。

纸质病案转化为电子病案是未来病案档案信息化管理的方向。纸质病案转化为电子病案的形式有将病案资料存储在缩微胶片、刻录在光盘、存储在计算机硬盘等。目前，大多数医院重点开展病案信息化管理和病案电子化管理工作。病案信息化管理一般指对历史纸质病案通过翻拍或扫描的形式存储在计算机中，而病案电子化管理指将住院病历资料数据录入、存储在计算机中并进行处理和利用。

2. 病案质量控制

（1）病案质量控制的定义。病案的质量控制指通过某些方法发现病案存在的问题，分析问题产生的原因，最终达到解决问题、提高病案书写质量和医疗服务质量、减少缺陷的产生，从而实现提高医院经济效益和社会效益的最终目的。病案质量控制由病案信息安全管理和病案内容质量控制组成。

（2）病案信息安全管理的内容。病案信息安全管理指检查、评价病案档案信息化管理各个环节的工作内容与岗位职责的完成情况和完成质量，并加以反馈和改进。

病案信息安全管理的内容包括病案记录的缺项检查、装订工作质量、编码工作质量、归档工作质量、供应工作质量、病案示踪系统质量、病案复印工作质量、医疗统计工作质量、门诊病案工作质量检查等。病案信息安全管理由具有专业疾病分类编码资质和掌握专业病案信息技能的人员来完成。在病案科内实行分组管理模式，分为统计组、整理组、质控组、编码组和复印5组，明确每个人的分工，使病案管理每个流程的工作质量与每位病案工作人员的岗位内容相关联，以减少工作中的差错，提高整体病案管理质量。

（3）病案内容质量控制工作。通过检查病案书写格式和医疗合理性等来控制病案的内在质量。对病历书写的客观性、真实性、准确性、及时性、完整性等方面进行控制。病案内容质量控制由病房质量控制小组、医务部或质量管理科、病案终末质量控制小组和病案质量管理委员会形成四级质量管理体系，其中病房质量控制小组和医务部或质量管理科属于环节质量控制，病案终末质量控制小组和病案质量管理委员会属于终末质量监控。病房质量控制小组由科主任、护士长、病房病历质控员和经管住院医生组成。病案终末质量控制小组一般由医务部或质量管理科专职病历质量检查医师和质量检查护士组成，质量检查医师和质量检查护士一般由高年资的医师和护士担任。病案内容质量控制的范围包括运行病历和出院病案的质量控制，其中病房质量控制小组和医务部或质量管理科负责住院病历的质量控制，病案终末质量控制小组负责出院病历的质量控制。

临床路径是根据循证医学证据和临床诊疗指南，由医生、护士及相关人员共同制订的有序诊疗和护理计划，用以指导患者在全程住院诊治过程中的医疗措施。按此计划执行，从而达到促进患者康复、减少医疗资源浪费的目的。病案质量控制可以通过病历记录来有效控制临床路径的完成情况，分析变异因素，并使之不断完善。病案内容质量控制需要具有良好医学背景的人员来完成。早期的病案质量控制是通过对医师资格的认证和通过同行检查的方式来实施的，现在是通过对设备及工作方法的标准化来获得保障的。目前，病案质量控制的重点在于病历实时生成过程中的质量管理。未来病案内容质量控制将有新的管理方法，如同行医师病案记录自审查等。

（三）病案信息安全管理

医院病案科为避免病案实体和信息受到灾害、事故等突发事件的损害而采取的保护措施被称为病案信息安全管理。加强病案信息安全管理工作，目的是避免各类危害病案安全的自然和人为事故的发生，以及在病案社会化利用过程中出现病案过度利用、违法利用和计算机、网络安全技术不完善等现象，以确保病案安全和最大限度地延长病案寿命。病案信息安全管理是病案管理的基础，是病案管理工作的重点，也是做好病案管理工作的前提条件。病案管理人员应坚持预防为主、防治结合、安全第一的宗旨；思想上要重视病案信息安全管理工作；工作中根据病案信息安全管理知识制定科学、切合实际的病案信息安全管理方法，并将方法、措施运用在病案管理的整个流程中，以实现病案安全、可靠、可利用。

从病案管理开始收集环节到病案管理结束，病案利用的每个环节都须注重病案信息安全管理。病案信息安全管理改变了传统病案科的工作模式、工作内容、工作效率，并影响医患关系状况，其既通过信息技术、病案登记备份等高新技术，又通过制度、管理、宣传等多渠道，改进传统病案信息安全管理模式，保障病案实体和信息安全，完善病案库房安全保护智能化综合管理系统，提出新的病案利用安全管理内容，有利于改善目前病案利用不安全的现状，有效保障纸质病案和电子病案利用安全，提高病案利用工作效率，保护患者合法的隐私权和知情权，促进医患关系和谐，为迅速开展病案信息化管理、真正开展电子病案远程会诊等新业务提供有力的保障。随着病案信息安全管理工作的深入，病案实际利用的全面推进，病案信息安全管理将为病案事业和医疗事业发展贡献。

1. 病案信息安全管理的内容

（1）病案实体安全管理。

第一，病案管理人员定期到科室收集、检查并督促病区病案的整理情况，对收集到的病案要认真做好签收、登记工作，及时催交迟交病案；对于有缺陷的病案，应及时发出病案质量初查缺陷通知单，并确保收集到的病案全、真、准。

第二，建立病案回收制度、病案借阅登记制度、病案社会利用情况登记制度、病案和人员出入库登记制度，规范病案借阅登记、病案社会利用、病案及时归档、病案出入库的程序，确保病案安全。

第三，将门诊病案、留院观察病案、住院病案、干部病案、重病案、血透病案、爱心病房病案、封存病案分门别类存放，其中干部病案、爱心病房病案、封存病案等特别珍贵、重要、有特殊意义的病案应放在特定的病案柜内专门管理。

第四，病案工作人员在病案保管过程中严防病案被篡改，保证病案全、真、原。

第五，在医疗纠纷未处理前，相关病案由医患关系办公室负责保管，任何机构或个人须经医务处负责人同意后才能复制或借阅。

第六，病案工作人员每年对上架病案进行一次清点核对，做到登记台账与病案实体相符。

第七，根据相关技术要求，做好老化、虫蛀等受损病案的保护工作。

（2）病案信息安全管理。

第一，建立病案信息安全机制，保证病案信息的安全管理有章可循。

第二，按照《医疗事故处理条例》和《医疗机构病历管理规定》，明确病案开放和利用对象、内容，保证病案信息利用安全。

第三，加强对存储病案信息的计算机使用管理。开展病案管理系统管理和电子病案系统管理的计算机必须与互联网实行物理隔离，并由专人负责病案信息的存储、处理、传递和备份工作。

第四，为保证存储的涉密病案信息不遗失或泄漏，应定期对存储病案信息或数据的光盘、硬盘等载体进行病毒和内容检测，并及时维修破损的涉密病案信息。

2. 病案的安全备份

医院病案的安全备份是至关重要的，它有助于保障病患数据的完整性、可用性和机密性，同时也是合规性和法规遵从的一部分。

（1）实施病案登记备份工作的背景。在病案管理工作中网络、计算机技术的广泛运用，病案信息的载体正由传统的纸质病案向电子病案和信息化病案转变，并日渐占据主导地位。病案登记备份工作正是适应病案管理载体、工作和自然环境等变化而建立的一种新的管理制度和技术手段，由对电子病案和信息化病案进行登记认证和数字备份两部分内容组成。采用第三方（档案登记备份中心）存管方法来加强对电子病案和信息化病案的监管，确保病案业务数据的原始性、真实性，实现电子病案和信息化病案的证据保全及信息安全，从而有效地化解医疗纠纷，促进医患关系和谐发展。同时，病案登记备份工作为未来社会利用病案信息提供一个新的途径。

（2）病案登记备份工作采取的措施。

第一，培养专业人才，定期组织培训。病案登记备份工作是一项新型业务，需要一批具有较高信息技术水平和病案专业水平的复合性管理人才。通过对信息技术人员和病案管理人员中拔尖人员的重点培养，培养出一批既能迅速解决病案登记备份运行和建设中的技术问题，又精通数字病案管理系统软件开发、升级和网络安全技术的复合性病案管理人才。

病案登记备份工作是通过组织科内交流、全院培训等多种形式的培训，向医院领导、病案管理人员和临床、医技、行政等相关人员宣教病案登记备份知识，促使医院领导重视病案登记备份工作，使病案管理人员熟练掌握病案登记备份操作技术，使临床、医技/行政等相关人员了解并主动配合病案登记备份工作，多管齐下，从而保证病案登记备份工作的顺利开展。

第二，取得医院领导和档案行政管理部门的支持。病案登记备份是一项周期长、投入大的工作，需要在人力、场地建设和信息技术等方面投入大量资金，因此要加强与医院领导的沟通，取得理解，从而获得人力、物力和财力等方面的支持。

医院在移交病案信息数据前，主动协助档案行政管理部门了解病案科的职能、业务要求、信息系统建设，从档案行政管理部门的角度来提高医院自身的登记备份电子病案工作技术。医院在档案行政管理机构登记备份电子病案的环节中，需加强与档案行政管理部门的合作，以取得技术、场地上的帮助。同时，在实施档案行政管理机构异地备份时，依托档案登记备份中心，与医院病案管理系统进行对接和集成，从而实现病案信息资源的共享。

第三，规范病案登记备份的流程。具体内容包括：①建立完善数字病案科。②登记认证。③数据安全。④数据存储备份和移交。

第四，建立病案登记备份工作制度和监管机制。首先，建立病案登记备份领导小组。其次，建立病案登记备份和病案信息化管理制度。最后，建立责任人监管机制。病案登记备份工作不仅在医疗纠纷中为患者提供全面、客观、真实的法律凭证，而且为社会和患者提供一个区域内病案信息资源共享的服务平台。

第四节　现代企业档案信息化建设

一、企业档案的概述

（一）企业档案的作用

随着我国社会主义市场经济的高速发展和企业创新的不断深化、展开，我国的企业正在一点点逐步转化为根据市场的需求，来进行企业的自主经营以及企业自身的发展和自我约束的生产经营类型。企业的各个生产要素和专利技术，企业的信息和资料，企业的资产资金、人才管理以及企业的产品已经直接面向市场，这种局面将促使企业向生产管理型发展。企业档案则是企业在各种经营和管理活动中所形成的全部档案的总和。企业档案不仅拥有企业的所有信息资源，还是国家档案资源体系的重要组成部分。企业档案与企业的生产经营、生产管理以及企业创新有着密切的联系。"为了在企业中实现现代化档案管理，企业应当加强档案管理的基础工作。"[①]

第一，企业可以通过企业档案来更好地、更全面地了解与企业有关的国家政策和方针，更好地解读相应的法律、法规、制度等，为企业的经营管理和经营决策指出明确的方向。

第二，企业利用企业档案可以全面地、详细地了解企业内部具体的状况，让整个企业的经营和决策能够建立在一个较为可靠和可信的基础之上，然后，企业可以通过企业档案来详细地、具体地分析整个市场大环境的状况，使整个企业的经营管理和经营决策能够做到有的放矢。

第三，企业可以通过研究企业档案，用以总结企业的经营经验或者是经营中的经验教训，从而提高企业经营管理和经营决策的成功率。企业档案不仅是企业用来管理自己的管理工具，还是企业进行经营和可持续发展的重要战略资源。

（二）企业建立企业档案的目的

档案工作最重要的一个基础就是档案资料的整理和收集，档案工作的目的是供企业利用。企业能够开发和利用企业档案信息资源，从而获得社会效益及经济效益，这是档案工作的指导原则。要提高档案管理的水平，其关键在于能够为企业各项工作的顺利开展提供良好的信息化及信息技术方面的服务。因此，企业在进行档案管理工作时，需要加大力度，加强企业档案信息资源方面的建设和开发利用，充分发挥企业档案的信息支撑作用，从而为企业的创新活动以及可持续发展提供强有力的保障和支撑。

1. 企业档案信息网络系统的建设

企业需要依靠企业的生产经营网络系统建立相关的企业档案以及企业信息网络系统，应用这些现代化的信息科技系统来整理和收集能够反映整个企业自身的生产经营和生产管理等各个环节的基本信息和数据，及时地记录以及归档，从而形成丰富、详尽的档案信息资源。广泛收集整个行业内的相关信息和资料，及时与同行进行沟通，实时更新档案工作的动态，使企业档案信息资源越来越丰富。

---

①单永新. 论档案管理基础工作在现代档案管理中的作用［J］. 黑龙江档案，2020，（04）：88-89.

做好企业档案信息网络系统的建设，首先要应用好计算机网络信息技术。在制定网络规划和相应的标准、准则时，则需要确定档案信息资源共享的相关要求和规范化守则，充分利用档案信息资源数据库和现代化的信息科技手段，使企业内部和整个行业之间建立实时而有效的沟通，从而获得企业自身所需要的相关档案信息资料，企业之所以广泛地收集整个行业的相关信息资源，是因为企业要想走向市场从而占领市场，在市场中有自己的一席之地，就必须获得足够的口碑和信誉，相应地就需要企业拥有丰富的信息技术资源。企业在自己订阅的相关期刊和杂志中能够提炼、汲取具有实用价值的信息资源，并充实到自己的档案信息资源系统中，为企业各部门相关生产活动、研发活动、经营活动等提供信息资源支持。

2. 充分掌握企业的需求，扩大服务内容

伴随着电子商务时代的到来，企业的档案管理工作随之步入信息网络当中。在这一背景下，企业中的相关档案管理人员除了做好本职的企业档案信息资料的管理和搜集工作之外，还需要重视企业服务内容的扩展。首先，要有意识地利用现代互联网科学技术，建立一套适合企业发展的、具有科学性的企业档案信息资料管理系统，这样就能为企业的经营和生产发展起到良好的推动和支撑作用。其次，要运用适合企业发展的现代化营销手段，企业的领导以及相关的档案管理人员应当一同规划和建设企业的相关网站，筛选适合企业的正面形象，利用网络资源更好地宣传企业所生产的产品、生产技术以及相关科研项目，通过网络信息平台来提高企业的市场影响力。

3. 档案信息服务的手段

首先，企业的发展离不开优质的服务。所谓优质的服务，是超前服务。这就要求相关档案工作人员在工作时要尽可能详细地了解和掌握整个企业的档案资料，以及档案资料利用者的需求，并且根据企业自身生产和经营以及科研的需要来预测他们可能需要的相关档案资料的信息，随后能够及时地把这些档案资料送到相关工作人员和领导的手上，实现具有针对性的前瞻性服务。其次，是跟踪随访服务。企业要想可持续发展就需要不断地让自己更新、优化、升级，不断地研发新的产品，这时相关的档案工作人员就需要根据企业自身发展的需要，来和相关的技术人员进行及时、有效的沟通，全面地了解企业以及相关工作人员的需求，然后有针对性地进行相关资料和档案的收集。最后，是现场服务。档案工作者最应该深入基层，进行实时的、真实的现场调查，为企业的科研活动、生产经营活动作铺垫，收集好相关的档案资料，及时地提供给相关部门，帮助、协助他们解决问题。只有做到以上三点，才能够最大限度地提高档案资料的利用率，在档案资料的收集和使用之间产生一种良性循环。

企业档案工作者要积极地与市场上其他同行进行交流。技术市场交流是指企业的档案部门把企业的科研成果的档案做成成品在市场上推广，宣传企业的研究成果，为企业创造更大的经济效益。同时，应注意收集行业内其他相关企业的最新科技成果，学习他人的先进经验作为己用。加强企业档案的编辑和研究工作，主动为企业的领导在决策时提供有力的依据。相关的企业档案工作者应该注意对相关档案进行深层次的收集和开发，在原有档案资料的基础上对档案资料进行综合的归纳、总结、分析，并且加工成对企业具有实际使用价值的文件汇总材料。这样的工作可以反映整个企业相关的生产经营活动的程序，能够在一定程度上预测企业相关生产经营活动的发生和发展趋势。

（三）企业档案的意义

1. 企业结构调整方面

企业档案是企业将自己的资产重组以及将自身企业结构进行调整的重要条件，企业档案是一个企业资产的重要组成部分，能够为整个企业提供有效和有力的证据支撑和证明。当一个企业在产权方面发生重大变动时，企业档案则是这个企业对自己的资产进行规范化和准确化评估的重要依据，这样就可以在一定程度上有效地避免和防止企业资产的流失。

2. 企业资产管理方面

在企业的资产管理方面，企业档案能够为其提供重要的依据。企业自主研发的产品和相关技术是企业重要的资产，完善这一部分的企业档案能够更好地让企业可持续发展。企业可以根据这一特点开发具有自主产权的产品，并且在生产技术上不断探索和创新，提高企业自身的生产技术能力。

3. 企业经营管理方面

一个企业想要建设具有高素质的经营管理队伍，就需要企业做好相关的企业档案管理工作。企业经营管理是确保企业持续成功和发展的核心部分。一个企业要建设高素质的经营管理队伍，关键之一是进行有效的企业档案管理。企业档案是企业运营的生命线，因为它包含了所有与企业运作相关的详细信息和数据。

（1）企业的厂务公开需要准备充分的档案支持。这包括员工手册、劳工法规、工作流程和规程等文件。这些档案不仅提供给员工参考，还有助于建立合规的工作环境，减少潜在的法律风险。

（2）日常工作建设也需要依赖企业档案。这些档案包括项目计划、财务记录、采购订单、销售合同等。这些文件是企业决策的基础，可以帮助管理层制定战略，监控项目进展，管理成本和收入，以及确保交付和合同履行。

（3）企业档案的管理还有助于提高工作效率。有了合理组织的档案，员工可以轻松访问所需信息，而不必浪费时间在查找文件上。这有助于提高工作流程的顺畅性，减少错误和延误，从而提升生产力。

（4）企业档案也对合规和审计至关重要。它们为企业提供了可以证明其活动合法性的文件，有助于满足法律法规的要求，以及应对审计和检查。

4. 日常工作管理方面

一个企业管理工作的根本就是企业档案，企业中的各个部门可以利用企业档案，进行彼此间的有效沟通和协作互助。如果一个企业缺少了企业档案，或者整个企业没有企业的档案资料，企业就无法正常运行。例如，一个企业的设备出现了故障，在电力检修部门对出故障的设备进行检修时，则需要这个设备以往的相关检修记录和设备运行的情况记录，检修部门根据这些资料记录再结合设备的现状作出相应的抢修措施，进行及时的修复。除此之外，企业中设备档案的建立、建设以及资料的妥善管理能够有效地预防设备出现故障。

5. 企业决策管理方面

在企业的重大决策面前，企业档案能够为企业的领导层提供正确的、有效的决策依据。这些重大决策的正确性取决于企业领导对企业中每一个工作人员的整体素质以及企业中所有的器械设备、生产出的产品、现有的和即将具备的生产技术条件等的掌握和分析能力，同样，也取决于企业领导对于科学的决策以及自身对这些科学的理论知识和技术方法的掌握水平。这些都与企业档案有着直接联系，关系紧密，不可分割。因此，我们可以认为，企业档案能够直接作用和影响一个企业的管理水平以及这个企业今后的发展。

二、企业档案管理的特征

一个企业的文化积累结果即为企业档案。企业档案为整个企业的生产管理、经营管理以及科研管理等活动提供了详细的数据参考以及资料记录。当今时代，越来越多的企业开始重视企业档案管理，因为较为完善的企业档案管理对于维护企业的合法权益、提高企业的生产力、保证企业的生产作业方面的积极性以及生产工作方面的创造性有着较为重要的意义。企业档案管理特征如下：

第一，专业性。在企业科技档案管理工作开展的过程中，往往具备着一定的专业性，需要工作人员全面结合企业专业特征，从专业角度出发，针对科学活动进行详细记录，这样就可以形成专业性较强的科学技术档案。对于这些档案信息，只有发挥出相关工作人员的个人能力，才可以挖掘其内在价值，同时对各种复杂信息进行集中的整理以及分析，发挥出科学技术档案的内在价值，也相应推动企业的发展与创新。

第二，个性化。在企业科技档案的管理过程中，具体管理工作是具备着跨专业的工作形式。在企业科学技术档案的管理过程中，涉及农业科技档案、工业科技档案以及建筑科技档案等各种类型的档案信息。无论是哪种类型的档案信息，都需要全面的提升科学技术的信息分析能力，同时保持较强的专业处理效果，这样才可以做到对多元化信息的处理效果。

第三，系统性。科技档案当中包含着科学技术创新、技术研究等过程，以此在将各种数据信息归档之后，就可以形成较为完整的信息档案内容。例如，进行工程施工、项目研发以及课题方面的研究中，都可以很好地形成较强的系统管理效果，并提升信息内在价值。

三、企业档案信息化建设的路径

大数据技术与档案管理实务的结合，已经成为信息化时代企业管理、工作模式转型升级的重要方式，通过大数据的应用，促使企业建立先进的档案管理理念，提高办公自动化水平，依托档案管理数据平台，培养其信息化档案管理思维和业务能力。尤其随着各企业档案资料数量和规模日趋庞大，档案存贮安全、高效管理成为业务发展的关键，企业应加快档案管理方法革新，采用信息化手段完善档案管理工作。

（一）企业档案信息化建设的目的

基于数字革命衍生出海量的信息资源，这些信息资源成为企业现代化发展的重要助力，也是提高企业自身市场竞争优势的关键。因此，在这场数字革命中，企业档案管理部门担负着更重大的任务和责任，档案管理部门所管理的信息资源成为企业科学决策与高效管理的依据。

企业想要进一步提高现代化水平，加强档案管理信息化建设势在必行。为此，企业可以建立与档案管理需求、企业发展情况相符的企业网络系统，为企业业务拓展、经营管理提供良好的信息化环境，更新传统管理方式，借助企业网络系统实现电子商务交易、项目研讨等功能。此外，在大数据时代下，信息资源更加丰富，纸质文件的传递转为线上传输方式。

档案存储介质也发生转变，也正因为档案管理工作环境的转变，使档案信息管理呈现动态化管理趋势。因此，借助信息设备、大数据技术可以为企业档案信息化建设奠定基础条件，让档案管理变得更加便捷，实时更新档案信息，并以视频、音频、图片等多种格式管理档案。

（二）企业档案信息化建设遵循的原则

1. 统筹原则

企业档案信息化建设推进过程中，应遵循统筹建设原则，即企业内部实现档案统一管理，按照统一标准、在统一的平台上实施管理；应划分不同的档案类别，从大类到小类进行管理，落实责任到人。

2. 技术合理选择

企业档案信息化建设过程中，应选择适合的技术平台，并且与专业技术团队合作实施信息化建设。一方面，所选择的技术方法应能保证企业能够所有的档案资料进行提取，同时保证实现电子目录信息的及时转移。另一方面，档案管理人员要充分考虑今后档案信息资源的利用问题，在新技术应用过程中要做好档案资料的备份工作，避免系统收集过程中出现档案资料丢失缺漏等现象。

3. 需求引领原则

企业档案信息化建设的一个主要目的是提升企业档案服务效率，因此企业档案信息化建设推进过程中应以需求引领发展。一方面，选择企业内部员工熟悉的网络操作界面，通过设置用户登录权限，随时随地方便企业各部门人员查询利用档案资料；另一方面，设置用户使用反馈平台，对档案利用过程中存在的不足和问题，及时进行反馈，方便改进，切实满足用户的需求。

4. 安全应用原则

基于档案管理的特殊性和互联网信息技术的"不安全性"，在企业档案信息化建设过程中需要加强保密管理，提升档案利用的安全性。企业档案信息化建设应符合法规对公民保密义务的规定。企业档案信息管理系统通过防火墙设置等具体手段，完善档案保密措施，在保证档案利用服务效率的基础上，实现档案资源的科学利用。

（三）企业档案信息化建设——大数据的应用

1. 大数据在档案资源挖掘中的应用

大数据发展有助于提高档案信息的收集、识别、统计、分类、编目和检索的工作效率，基于数据分析与整合，从而预测今后发展趋势，并围绕数据关联性信息，挖掘其中的隐含信息和有价值的信息，为企业决策层和管理层提供参考依据，不仅确保数据分析的准确性，还能控制时间、人力、资金、档案管理的成本。在企业档案管理中包含以下应用：

第一，利用数据挖掘功能，定位企业档案管理需求，如利用技术建模，根据访客的访问记录、访客日志和社交媒体浏览记录等数据，研究用户的兴趣偏好和需求趋势，从而优化档案信息管理；第二，通过数据挖掘技术为企业档案馆建设提供依据，如利用企业网、信息软件统计和计算档案信息资源的开发与利用情况，并集中高频使用、需求量大的档案信息，优先进行信息化加工与整合，充实和完善企业档案馆信息资源；第三，从海量档案信息中筛选出相关主题的资料，并挖掘和重组，建设系统化管理的信息库，让用户在查阅档案馆信息资料时，检索出多篇相同主题的关联信息。

2. 大数据在档案深加工中的应用

企业在以往档案管理中，因档案信息数量庞大，依靠现有人力资源难以透彻理解数据信息，这也导致档案管理人员不能明确数据信息之间的关联性，不能深化档案，无法为企业其他人员提供理解性强的档案资料。基于这一情况，利用大数据分析技术对档案数据信息自动挖掘，获得数据信息内容，并基于内涵信息对接相关信息，使档案深化，便于理解。实现档案数据信息深加工主要包含档案资源挖掘、用户数据挖掘、关系洞察及趋势分析。

档案数据深度挖掘可以凸显数据价值，并挖掘新的价值信息，做到精准服务和趋势预测。比如，通过对用户信息和浏览记录的检索和数据挖掘，精准洞察和提供个性化服务，提高用户的体验感和认同感，提升档案信息化管理与服务价值。还可以基于用户数据提炼关联性信息，找出信息共性特点，决定哪些档案数据能够用于深加工。同时，基于大数据管理平台，可以实现档案管理数据信息的可视化，为决策层和各科室管理人员提供集中化的数据决策支持，并根据档案数据浏览场景、应用习惯等科学布局，依据仪表板、图表、数据地图等形象展示各项档案业务、数据指标，便于直观监测档案馆运行情况，便于对异常关键指标做好监测与预警。

（四）企业档案信息化建设的实施路径

1. 创新管理和档案管理信息化建设规划

（1）积极创新管理理念，从主观层面上加强对企业档案信息化建设工作的重视，在企业内部形成良好的档案管理信息化建设氛围。

第一，企业顶层管理人员应认识到信息化建设不单是外部环境变化的需求，同样也是企业内部档案管理工作创新的必要举措。当前随着国家对企业档案管理重视程度的不断提升，企业必须积极进行革新，形成全新的工作机制，提升企业档案管理的效率。

第二，企业中层管理人员在认识到企业档案信息化建设的必要性后，应做好企业档案信息化建设相关方案和计划的制定工作，为企业档案管理信息建设基础工作的落实发挥引导作用。

第二，企业基层管理人员在接到上级的相关指示之后，要结合当前企业档案信息化建设的现状，制定具体可操作的计划，通过量化指标体现，及时进行阶段化建设的评估，稳步推进企业档案信息化建设工作。

（2）做好档案管理信息化建设全面规划。健全档案管理信息化建设规划可以从管理观念、管理制度及标准、提升业务能力三个方面开展：

第一，转变管理观念。企业管理人员应发挥引领作用，认识到档案管理信息化建设对于企业长足发展的重要性以及经济价值，以高效率管理视角加强档案管理信息化建设的顶层设计。企业档案管理人员还应做好宣传，转变"重藏轻用"的观念，通过专题宣传，深挖电子档案的价值。此外，企业可以通过对档案管理人员进行继续教育培训，培养档案管理人员的信息化管理意识、责任意识、爱岗敬业精神。

第二，完善科技档案管理制度及标准。通过制度化、标准化管理，为档案信息化建设奠定基石，并规范档案资料执行情况，完善监督措施。根据档案信息化管理实况，明确岗位职责，采用责任制度将档案管理实务与责任挂钩，落实到个人，加强制度对人为操作过程的约束力度。同时，利用数据库、大数据、计算机等，构建档案资源信息发布云平台，在平台技术支撑下建立档案信息共享制度，让工作人员在使用档案资源时不受时空的约束和限制，提高档案信息资源的共享性和利用效率。

第三，提高档案管理人员业务水平。一是通过教育培训机制，加强档案管理人员的服务意识，秉持以人为本、服务为先的宗旨，树立档案管理人员的形象，让更多员工认可档案管理人员的业务能力；二是企业建立档案管理人员聘用制度和标准，聘用方式可以根据档案管理工作经验是否丰富或工作能力是否突出几方面进行考虑。

2. 技术选择和档案资源开发与利用

（1）合理选择技术，提升应用标准。在推进企业档案信息化建设的过程中，首选 RFID（射频识别技术）技术，[①] 通过唯一的标识对档案资料信息进行提取和选择，方便对用户借出和归求相关解决办法。用户进入界面之后输入相关信息如无法登录，可以有相应的联系方式，方便及时解决问题。这种方式明显提升了档案服务工作的效率，对于用户参与档案管理信息化建设起着非常重要的促进作用。应用该技术，可以实现信息存储量大、扫描范围广，且同时能针对多个标签进行一次性编写，提高操作效率，减轻工作人员的压力。

---

①RFID 又称无线射频识别，是指通过无线电讯号识别并读写特定目标数据，不需要机械接触或者特定复杂环境就可完成识别与读写数据。

在借助 RFID 技术的基础上，企业需要加大资金投入，更新相关设备，通过添加 RFID 标签转换机及移动盘点机等设施，通过构建借还、查询两大系统实现档案利用的科学化管理。此外，在技术应用的基础上，还应设置安全门禁系统，实现档案的安全管理。

针对电子文件的获取，用户可以通过单位内网连接个人计算机，依据用户权限和密码登录，登录相关用户界面，进行档案信息查询，获取想要的档案资料信息。

（2）完善档案资源开发与利用方式。档案资源利用是档案工作的核心目标，只有完善档案开发和利用方式，才能增强档案工作的活力。

第一，采用宣传栏、举办档案陈列展览、档案管理宣讲、座谈会、报告会等形式，让档案管理人员充分认识档案的定义以及档案信息化管理的价值，明确档案资源对企业现阶段发展和未来发展的作用。

第二，利用现代信息技术，完善信息化系统建设和科技档案管理信息系统，实现档案资源信息化、办公自动化，并与业务相衔接。还可以建立专门的档案电子阅览室，最大化发挥现代网络信息技术作用，发挥档案部门信息资源优势，为企业经营提供资源支持和高效服务。因此，为了提高档案管理质量，该企业有预见性地建设了一套档案管理信息系统，完善档案信息化软硬件设施，规范网络技术使用标准和要求，以一体化管理思维让档案管理工作更加规范化、专业化、系统化，使档案资源得到充分开发和利用。

第三，采用大数据分析法，深挖档案研编和查阅，采用主动服务理念，改变企业过去在档案利用中停留在低层次原件查阅层面，而是选择研编方向，加强档案信息开发利用。

3. 专业人员队伍建设和档案安全防护

（1）积极推进档案专业人员队伍建设，针对现有档案管理人员加强培训教育。企业档案信息化建设是一项涉及信息技术、档案管理专业的工作，对档案管理人员的综合素质要求比较高。因此企业需要重点加强档案管理人员的培训教育，与成熟的企业档案管理信息化部门进行合作，通过实地调研和学习获得相关经验，再将经验带入到工作当中，有效解决企业档案信息化建设中存在的问题，提升企业档案管理水平。

（2）明确责任分工，根据相关岗位合理划分负责人，总负责人要对企业档案信息化建设有一个深入、系统的把握，有效把控存在的问题，协调改进。同时还要明确企业档案信息化建设推进过程中相互协调的其他部门，严格按照相关规范条例推进工作，责任明确到位。在研究所、信息技术处、生产部门等部门规范的基础上，严格奖惩激励机制，责任明确到位。

企业档案信息化建设的最终目的是提升档案管理工作服务效率，因此需要在企业各个部门职责明确的基础上，落实责任到人，不断加强档案专业人员的综合素质，提升整体协作水平。

（3）建立档案安全防护体系。档案管理信息化建设注重的是信息的共享与高效利用，具有网络化特点，所以，档案资料更丰富、管理模式更开放。但是，在大数据时代，电子档案存储容易被病毒、黑客和竞争对手利用技术手段，盗取、破坏、干扰企业档案信息。基于此，企业有必要建立反病毒、反泄漏、反网络攻击的安全防护措施，抵御档案信息在网络传输中的风险。此外，还应针对企业机密性、重要的档案文件，加强档案资源信息审核和数据监管。一方面，当员工想要使用机密数据信息时，需要根据员工岗位层级、档案机密属性，设立相应的等级查阅权限，尽可能减少底层员工接触机密信息的可能性。同时，对于可以接触到机密数据信息的员工，企业应与员工签订保密协议，约束其避免泄露机密档案信息；另一方面，建立档案信息审核制度，并在内部设立信息审核和数据监管小组，专门负责档案数据信息的使用情况，并定期对档案信息系统的安全做好评估和检查，及时发现问题，规避信息泄露的风险。

总之，大数据时代加速企业档案管理观念、管理方式的变革步伐，随着科技发展和企业自身发展需求，以往方式的缺陷也更加突出，故需要通过大数据技术得到改善。基于此，档案管理信息化建设势在必行，结合大数据在档案资源挖掘和深加工中的应用，以及企业目前在档案管理信息化建设中存在的问题，明确企业应以问题为导向，借助大数据应用优势，从管理观念、管理制度及标准、提升业务能力方面做好全面规划，完善档案资源开发利用方式，建立安全防护体系，为档案管理信息化建设保驾护航。

4. 实现安全保障和高水平管理

企业档案信息化建设推进过程中，需要不断强化安全保障机制，在档案管理规章制度和标准范围内实现高水平管理。当前部分企业档案信息化建设由外包公司承包和组织实施，因此需要企业与第三方机构进行合作，对外包公司的安全保障机制进行评估分析，在确保安全的基础上，参与档案涉密转化工作。针对档案管理信息化建设中部分涉密档案，要组织相关人员对档案保管区域和场所进行监控，并且形成相应的台账，制作、收发、传递、复制、利用、保存和销毁涉密档案资料、秘品的管理工作都要符合企业保密制度的规定。

企业档案信息化建设需及时针对档案数据信息进行备份，对于备份的数据不仅是进行打包存储，还应进行数据恢复测试，以此保证档案数据信息存储的可靠性，这需要立足档案自身管控的特殊性并加以落实。

总之，企业档案信息化建设对于企业实现健康、稳定发展具有非常重要的作用。对于企业档案信息化建设推进过程中存在问题，要从强化安全保障、提升管理效率、建设专业化队伍几方面入手加以改进和提升，实现高效管理。同时还要合理选择技术、提升应用标准以及创新管理，提升对企业档案信息化建设的重视，立足企业发展现状，提出适合的优化建议，切实从企业档案信息化建设层面促进企业健康、稳定发展。

第六章　现代档案事业的高质量发展

第一节　现代档案事业的层次审视

档案事业作为中国特色社会主义事业的重要组成部分，是维护党和国家历史真实面貌、保障人民群众根本利益的重要事业，也面临着高质量发展的任务和要求。档案事业高质量发展是更高标准、更有效率、更加开放、更为规范、更可持续的发展，是档案事业为适应新的治理格局、管理体制、社会需求和技术环境而实施的新发展模式。实现档案事业高质量发展，需要服务中心大局、推进法治建设、统筹各方力量、创新技术方法。下面从理念、制度和技术三重维度审视治理现代化语境下档案事业高质量发展提供了思路。

一、现代档案事业的理念层次

档案事业发展理念的国家主体性是指档案记忆的选择、档案权力的分配、档案工作的策略等，必须服从并服务于国家的历史性、自主性和目的性，以维护国家的权力、权威和合法性为首要根据。

"新发展阶段，档案事业对国民经济和社会发展的基础性、支撑性作用更加显著。"[①]遵循国家主体性的档案事业发展理念有着更为悠久的历史和更为坚实的权力基础。从我国的档案事业发展实践来看，长期以来档案工作被认为承担着为党管档、为国守史、为民服务的重要职责，政治定位、政治特质、政治功能鲜明，是一项对历史负责、对党和国家负责、对民族乃至人类负责的崇高事业，档案工作主要是围绕党和国家中心大局展开，以服务经济社会发展和政府公共管理为主要内容。

从国家维度来看，档案事业高质量发展理念的国家主体性主要体现在融入国家治理现代化进程，为国家发展战略提供支持；从社会维度来看，档案事业高质量发展的社会公共性主要体现在顺应社会利益结构多元化要求，促进社会民主化、法治化和现代化发展。

---

①朱晓燕．档案事业发展与国民经济和社会发展水平相适应的调查分析与对策［J］．档案管理，2022，（06）：105.

二、现代档案事业的制度层次

档案制度作为中国特色社会主义制度的重要组成部分是主客观因素相互作用的结果，既受生产力与生产关系矛盾运动规律的支配，也是党和人民根据国情选择、实践、比较后自主设计的结果，具有内生性演化和自觉性建构的双重属性。在治理现代化进程中，我国档案制度的内外部环境发生了深刻变化。从经济社会发展的角度来看国家治理理念转变、政府治理模式改革、社会治理格局重塑等宏观环境的变化，对档案制度的设计理念、价值导向、调节对象、运行方式以及档案制度的合法性、合理性、适用性等形成了冲击。

（一）档案制度范式转型

档案制度范式转型的目标在于构建与时代发展要求相适应的档案制度体系，档案制度范式转型的意义如下：

第一，深化档案制度情景感知，在全面理解档案事业高质量发展政策要求、社会需求、技术环境和自身条件的基础上，从制度设计上实现档案工作与经济社会发展、国家大政方针等的有效融合。

第二，深化档案制度问题认知，锁定国家治理转型和高质量发展的时代要求，以制度改革和制度创新引领档案事业高质量发展方向。

第三，调整档案制度目标指向，在贯彻"为党管档、为国守史、为民服务"宗旨的同时，更加注重对开放包容、多元协同、智慧智能档案工作新局面的塑造。

第四，优化档案制度工具选择，在健全档案法律法规、标准规范、政策规划等的基础上，加强不同类型、不同性质档案制度间的协调配合，形成规制性、激励性和救济性相结合的档案制度体系。

（二）档案制度效能提升

档案制度效能是档案制度作用于档案工作实践时所带来的工具价值与实质价值。促进档案制度效能转化，有助于更好地将档案制度内含的价值和作用外化为档案实践成效，助力档案事业高质量发展的实现。具体来讲，可从以下五个方面提升档案制度效能：

第一，增进档案制度认同强化档案制度中的文化—认知要素，奠定社会大众和档案制度制定主体对档案制度的心理认识与认同基础，为树立档案制度权威和强化档案制度执行创造条件。

第二，提升档案制度环境适应性，面向档案工作实践和档案事业发展要求，适时推动档案制度变革，着力破解档案制度公共性较弱、开放性不足和成熟度不够的问题。

第三，增强档案制度自治性，按照协调性、一致性和有序性的原则完善以档案法为核心、以档案法配套制度为支撑的档案制度体系，降低档案制度冲突和制度运行成本。

第四，强化档案制度实施，关注后机构改革时代档案局馆协同、一体化发展背景下跨部门和跨区域档案合作、协同治理视域下档案事务社会参与、权责一致原则下档案工作责任落实等问题。

第五，加强档案制度监督，在明确监督权限和监督责任的基础上，构建由法律监管、行政监管和社会监管组成的档案制度监管体系，探索基于"档案+互联网"的回应型和参与式档案制度监督模式。

三、现代档案事业的技术层次

随着技术与人类社会融合程度的日益提升，技术社会的到来已经成为一种不争的事实。技术社会语境下，通过技术赋能的方式促进传统组织架构、管控模式、业务流程、治理资源的优化整合，从而激发组织潜能、提高组织行动能力和行动效率，日益受到人们的重视。技术赋能是运用先进的技术手段，通过技术扩散、场景改造和提供平台等方式，赋予个人和组织行动能力，其实质是以现代技术为媒介对传统业态以及陈旧的组织结构、管理模式进行改造升级和能力再造。技术赋能档案事业高质量发展就是从技术嵌入的视角出发，通过技术这一外源性要素重塑档案事业的组织结构、运行机制、管理方式和服务模式，赋予档案事业高质量发展新的内生动力。

（一）技术赋能驱动档案事业高质量发展

第一，以人脸识别技术、多媒体数据访问和检索技术、电子档案凭证保障和验证技术等助力智慧档案馆建设，提升档案管理智能化程度。

第二，强化分布式存储技术、数据共享技术、数据整合技术、数据集成技术等在档案资源建设中的应用，推进档案资源体系建设。

第三，加强数据分析技术、数据关联技术、数据发掘技术、数据可视化技术等在档案资源开发中的应用，提升档案资源开发的深度。

第四，探索数据开放技术、移动服务技术、虚拟现实技术、用户画像分析与智能推送技术等在档案利用服务中的应用，提升档案利用服务的信息化和智能化水平。

第五，推进数据安全存储技术、数据加密与备份技术、数据风险识别技术、数据风险预警技术、数据安全审计技术等在档案安全管理中的引用，强化基于现代技术支撑的档案风险治理能力。

（二）技术赋权驱动档案事业高质量发展的途径

档案事业在当今信息时代发挥着越来越重要的作用。为了推动档案事业的高质量发展，技术赋权成为一项关键战略。

第一，遵循公共利益优先原则。为了保障社会力量在档案事务和档案服务中的知情权，我们需要优化档案信息发布和档案数据公开的技术流程。这意味着确保档案信息对公众透明且易于访问。通过建立开放的数据标准和互操作性，我们可以让更多的人了解档案信息，这将有助于维护公共利益和民主原则。

第二，搭建档案信息交互平台。为了促进档案叙述的多样性和互动性，我们可以构建基于身份认同或利益诉求一致性的档案信息交互平台。这个平台可以让不同利益相关者参与档案叙述，从权威主导型过渡到互动博弈型。这种方法尊重了社会力量在档案记忆建构中的表达权，促进档案事业的发展。

第三，完善档案事务参与机制。为了确保社会力量在档案事务中的参与权，我们可以利用媒介技术和网络平台，建立更多的档案事务参与机制和救济渠道。这将使更多人有机会参与档案事务，提供反馈和建议，从而增加档案事业的质量和可持续性。

第四，创新档案数字治理模式。通过采用"互联网+档案监管"的新模式，我们可以实现档案业务的在线监督。这将有助于保障社会力量对档案事务的监督权。技术可以用于监测档案业务的合规性，确保档案管理的透明度和质量。

第五，探索档案社会化管理机制。通过利用参与式社交媒体，我们可以探索档案社会化管理机制。这将有助于推动档案资源的共建、共治和共享。社交媒体可以成为分享档案信息和故事的平台，促进更广泛的参与和互动。

第二节　现代档案事业的新时代任务

近年来，档案事业发展取得的历史性成就来之不易，经验值得总结。我们深刻认识到，做好新时代档案工作，必须坚定历史自信，把握历史主动，强化历史担当。必须坚持党管档案原则，加强党的全面领导，把政治标准放在首位，不断提高政治判断力、政治领悟力、政治执行力。必须坚持围绕中心服务大局，牢牢锚定"国之大者"，找准服务党和国家工作大局、服务人民群众的切入点和着力点。必须坚持守正创新，适应新形势新任务特别是新一代信息技术广泛应用的要求，与时俱进创新工作理念、思路和方法，使档案工作更好体现时代性、把握规律性、富于创造性。必须坚持弘扬严实作风，把党的政治建设摆在首位，抓好党建、带好队伍，不断增强广大档案工作者的神圣感、使命感。因此，现代档案事业的新时代任务如下：

一、记录新时代伟大奋斗历史

用档案把党领导人民推进实现中华民族伟大复兴的奋斗历史记录好、留存好，是对档案部门赋予的政治性、时代性、战略性使命任务，也是档案工作安身立命之本。分级分类抓好记忆工程实施，搭建本地区本部门整体记忆框架，通过目录收集、数据收集、实体收集等建设一批"特色记忆库"。

认真贯彻实施《关于加强重特大事件档案工作的通知》，完善体制机制、明确管理责任、细化任务分工，切实抓好重特大事件和重大活动档案收集、管理、利用等各环节工作。善始善终做好脱贫攻坚档案归集工作，对资源质量和管理情况进行"回头看"及检查评估，加大信息化力度，推动资源入库、专题开发和宣传展示，为乡村振兴和健康中国建设赋能赋彩。

各级党政机关形成的档案是国家重要档案资源，要分级分批完成机关档案"三合一"制度编审，从源头抓好档案形成和收集工作，提升质量优化结构。做好新一轮国有企业文件材料归档范围和档案保管期限表的编制审核工作。探索建立建设项目档案验收监管员制度，进一步强化国家政务信息化项目和国防科工固定资产投资项目档案业务指导，适时启动南水北调中、东线一期工程档案专项验收工作，各地区各部门各单位按照职责分工抓好建设项目档案工作监督指导。按照各级各类档案馆接收进馆范围，规范做好档案移交接收进馆工作。加强机关、企业所属单位包括境外分支机构档案资源建设，探索非国有企业具有国家和社会重要保存价值的档案资源登记工作。引导家庭档案、私人档案等社会档案工作有序发展。

开展国有档案资源普查，计划用两年时间完成全国国有档案资源调查工作，摸清国有档案资源家底。2024年上半年启动试点工作，探索形成一套可供推广的经验做法和调查标准。在此基础上，编制普查制度和工作方案，开发普查专用软件，全面铺开普查工作。

二、加强党的政治建设

（一）弘扬伟大建党精神，重视红色档案资源

全面建设社会主义现代化国家必须增强文化自信，增强实现中华民族伟大复兴的精神力量。红色档案反映党的初心和使命，是弘扬以伟大建党精神为源头的中国共产党人精神谱系，深入开展社会主义核心价值观宣传教育的宝贵资源。要着力在加强科学保护、打造

精品力作、强化宣教功能等方面下功夫，为全面建设社会主义现代化国家、全面推进中华民族伟大复兴汇聚起磅礴的精神力量。

用好用活红色档案资源，用档案坚定维护国家意识形态安全，坚决维护党和国家根本利益，展现档案人的政治担当。加大红色档案资源抢救、征集和保护力度。开展红色档案资源名录建设，结合国有档案资源普查工作做好红色档案摸底，全面掌握红色档案卷件数量、保管状况和开发利用情况，加快建成系统完整的全国革命历史档案目录数据库。继续组织实施国家重点档案保护与开发工程，围绕红色档案保护开发重点支持实施一批重大项目。研究制定红色档案定级标准，在全国范围组织开展珍稀红色档案认定工作。

（二）持续加强党的政治建设，打造人才队伍

加强党的创新理论武装，坚持按照党中央统一部署，深入开展主题教育，推动各级档案部门和广大干部职工坚定理想、锤炼党性和指导实践、推动工作的强大力量，不断提高做好新时代新征程档案工作的能力水平。

着眼建设适应档案事业现代化要求、堪当民族复兴重任的高素质干部队伍，落实新时代好干部标准，大力选拔政治过硬、业务精通、敢于担当、善于斗争、清正廉洁的好干部。把能力建设摆在更加突出的位置来抓，加强实践锻炼、专业训练和教育培训。坚持严管厚爱结合，激励约束并重，大力营造有利于干部干事创业的良好环境。深入实施人才强档工程，制定全国档案人才队伍建设培养规划，召开全国档案人才工作会议。建立档案系统"三支人才队伍"跟踪培养和使用管理机制，分别举办档案专家研讨、工匠型人才技能培训、青年档案业务骨干论坛。开展档案工匠技能大赛。举办全国档案馆馆长论坛。

做好档案系统评先表彰工作。2024年，国家档案局将与人力资源社会保障部联合开展4年一次的全国档案系统先进集体、先进工作者表彰活动。各级档案部门要按照评选标准和程序，坚持德才兼备、群众公认的原则，评选出政治表现突出、业务能力过硬、工作成绩优异、群众满意度高的先进典型。同时，要大力宣传他们的感人事迹和崇高品质，激励广大档案工作者学习先进、争当先进。

三、推进档案治理体系和治理能力现代化

推进档案事业现代化，必须加强党的领导，坚持和深化依法管档治档，着力推进档案治理体系和治理能力现代化。

进一步完善档案法规制度和标准规范，今年重点做好档案法实施条例（修订草案）提交国务院审议的有关工作，认真做好机关档案工作条例、电子档案管理规定、档案执法监督检查工作暂行规定等的制定修订工作，力争年内出台。推进《科学技术档案工作条例》

《全国档案馆设置原则和布局方案》修订工作。各地区各部门要深入研究档案法治建设重点难点问题，扎实做好档案相关立法工作，地方档案条例已经列入本地区立法工作计划的要争取早日出台，尚未列入的要加快推进。继续做好相关档案标准的制定修订工作，强化标准实施应用，完成政务服务事项电子文件归档规范等5项国家标准报批工作。

近年来，各级档案部门开展了档案执法检查，取得了较好效果。要认真总结经验，推动构建科学有效的常态化监督检查机制。各级档案部门也要依法开展监督检查和业务评价，切实加强档案行政管理，把法律的刚性和权威进一步树立起来。

四、增进档案为民服务效能

围绕加快构建新发展格局，建设现代化经济体系，聚焦实施创新驱动发展战略，加强科技档案管理工作，进一步规范国家科技重大专项、重点研发计划、自然科学基金项目等档案管理，开展科学数据和科研档案协同管理试点。做好电子发票入账报销归档试点，充分发挥试点单位的典型引领作用，复制推广试点形成的经验，开展有关标准规范的培训，因地制宜扩大电子发票应用范围，配合做好信息化电子客票、电子行程单、银行回单电子化应用工作，为深化"放管服"改革、优化营商环境、推动数字经济发展和"双碳"战略实施贡献力量。围绕全面推进乡村振兴战略实施，聚焦第二轮土地承包到期后再延长30年工作、农村宅基地改革等农村重点领域和关键改革环节加强档案管理。加强重点领域专业档案管理制度建设，切实做好信用档案、社保档案等涉及民生的各类重点专业档案管理工作。

坚持人民立场，推动各级档案馆馆藏档案有序开放，做到依法应开尽开。认真贯彻实施《国家档案馆档案开放办法》，着力提升各级档案馆档案开放率，畅通档案利用渠道，更好方便人民群众和社会各方面查档用档。加大档案开放审核力度，探索建立计划引导、内外结合、保管单位和形成单位紧密协同的档案审核工作机制。深化全国档案查询利用服务平台建设应用，深度对接国家政务服务平台，扩大地方各级档案馆接入范围。总结推广长三角地区"一网通办"工作经验，扩大民生档案服务范围，使档案利用成为惠民生、暖民心的有力举措。

五、加强风险管控，补齐档案安全短板

落实总体国家安全观，把档案安全作为档案部门压倒一切的任务，贯穿落实到档案工作的全过程各方面。要持续加强档案基础设施建设。

第一，抓好档案实体和信息安全。坚持底线思维，增强忧患意识，以大概率思维应对小概率事件，高度警惕档案领域不良事件，经常性开展档案安全风险隐患排查治理，对问

题隐患保持零容忍，着力构建人防、物防、技防三位一体的档案安全体系。加大传统载体档案抢救性和预防性保护力度，做好档案数字资源安全管理，开展异质异地备份，探索建立档案容灾备份机制，确保重要档案信息系统在遇到重大灾害时能够做到数据不丢、业务不断。完善应急预案，加强应急演练，提高应急处置能力。深化区域性国家重点档案保护中心建设，发挥其在档案保护技术研究应用、档案保护修复人才培养等方面的引领辐射作用。

第二，高度重视档案服务外包中的安全问题。严格限定档案服务外包范围，严格审核服务供方信息安全保障能力和业务资质，严格落实档案业务服务外包标准规范，防止档案服务外包过程中出现丢失、损毁和失泄密事故等问题。探索通过行业自律等方式加强对档案服务企业监管，引导其加强风险管控，提高服务质量。

六、深化国际交流合作，增强中国档案的国际话语权

加强档案国际交流合作为载体，推动中华文化更好走向世界。积极参与联合国教科文组织世界记忆项目，持续推动有关档案文献入选世界记忆名录。以中国档案文献遗产名录为基础遴选建立世界记忆名录备选项目库。

进一步完善世界记忆名录申报与管理制度，开展世界记忆名录申报培训。继续发挥世界记忆项目北京、福建、苏州和澳门学术中心在研究、保护和宣传等方面的示范引领作用。不断扩大人文合作交流，深化档案双多边合作。积极落实与相关国家档案合作项目。深度参与国际标准研制，加大国际标准采标力度，分享我国标准化经验，进一步提升我国影响力和话语权。

第三节 现代档案事业的中国式发展

档案事业作为中国特色社会主义伟大事业的重要组成，需要深刻领会新时代新征程使命任务，守正创新、踔厉奋发、勇毅前行，书写好现代中国档案事业高质量发展的时代答卷。

一、现代中国档案事业发展的意义

（一）符合中国式现代化的发展需求

中国式现代化是中国共产党团结带领全国各族人民依靠自身力量实践出来的，档案记

录历史和文明、承载初心和使命、揭示经验和规律、联结今天和未来，必然是中国式现代化的内涵要求、重要组元。

从中国基本国情出发，着眼中华民族伟大复兴的光明前景，承继中华优秀传统文化，汲取当今世界前沿科技和文明成果，正在走向依法治理、走向开放、走向现代化，全面推进档案治理、资源、利用、安全体系建设，构建现代、科技、数字、智慧的崭新格局。符合我国国情、历史和文化的现代化档案事业之路，正是推进中国式现代化的必然要求、题中应有之义。

（二）推动高质量发展的必然要求

高质量发展是全面建设社会主义现代化国家的首要任务。在高质量发展过程中形成的各门类档案，直接关系党和国家的核心利益，关系人民群众的切身利益，具有不可或缺的历史价值、现实价值和长远价值。要把蕴含党的初心使命的红色档案保管好、利用好，把新时代党领导人民推进实现中华民族伟大复兴的奋斗历史记录好、留存好，履行好存史、资政、育人的重要职能，开辟新时代档案事业新境界，必须按照高质量发展的要求，推动新时代档案工作创造性转化、创新性发展。

（三）有助于推进文化自信自强

推进文化自信自强，铸就社会主义文化新辉煌。档案真实记录着五千年来中华民族的各项活动，是文化的母体，是文化传承与传播的生动载体，是讲好中国故事、传播中国声音的源头。我们需要进一步加大对历史档案特别是红色档案的开发利用，努力让沉睡的档案"活起来""走出来""亮起来"，切实把蕴藏丰富的档案库打造为文化惠民、资政育人的文化库、思想库；讲好"有生气"的中国故事，传播"冒热气"的红色声音，用丰富的史料、有力的实证、客观的呈现，让中华优秀传统文化、革命精神、社会主义先进文化迸发出更加璀璨的时代风采，更好构筑中国精神、中国价值、中国力量。

二、现代中国档案事业发展的原则

第一，坚持和加强党的全面领导。党的领导是中国式现代化的本质特征。要牢记"档案姓党、档案最红"的政治属性，坚定不移把党的全面领导贯穿到档案工作全过程，确保现代中国档案事业发展正确方向，锻造具有"红色信仰、红色使命、红色担当、红色精神"的兰台铁军，主动服务、主动融入、主动记录、主动展示在新时代背景下，各地档案事业以"后发先至"的奋进姿态，积极投身中国式现代化建设所呈现出的可观可感的宏伟实践，切实履行"为党管档、为国守史、为民服务"的职责使命。

第二，坚持守正创新。守正创新是中国式现代化的方法论遵循。固源正本、大道前行，推进现代中国档案事业高质量发展，必须始终坚持以科学的态度对待科学、以真理的精神追求真理，不断拓展对档案事业发展认识的广度和深度，创新档案治理、资源、利用、安全四个体系建设，推动档案事业现代化各项任务高质高效。

第三，坚持人民至上。人民至上是中国式现代化的本质要求。深入践行以人民为中心的发展思想，加速档案信息化、信息化建设进程，推进数字档案远程共享和在线利用，解决好广大群众在档案领域的急愁难盼问题。

第四，坚持系统观念。系统观念是中国式现代化的基础性思想和工作方法。档案事业关系全局、关乎长远，必须切实把握好当前和长远、全局和局部、宏观和微观、特殊和一般的关系，加强前瞻性思考、全局性谋划，找准服务中心工作、经济高质量发展、乡村振兴等方面的切入点、融合点，不断提升档案现代化的整体水平。

第五，坚持斗争精神。坚持斗争是中国式现代化的内在要求。档案是澄清谬误、明辨是非的重要武器，是坚定斗争意志、掌握斗争规律、体现斗争水平的关键。要坚持发扬斗争精神，善于用历史说话、敢于用事实发言，以权威观点批驳歪理邪说，以翔实史料消解杂音干扰，正本清源、激浊扬清，增强中国式现代化的志气、骨气、底气。

三、现代中国档案事业发展的使命

第一，坚持政治首位，提升治理效能。全面加强政治建设。做到学思悟贯通、知信行合一，内化于心、外化于行。坚持党对档案工作的全面领导，健全档案管理机制体制，按照"局馆联动、协调发展"的工作思路，不断激发"1+1>2"的聚合效应。全面推进从严治党。增强"永远在路上"的政治自觉，深入开展"三上三线"（"我是党员我先上，初心在线；我是干部跟我上，冲锋在线；先锋堡垒一起上，战斗在线"）扛旗争先活动，着力营造"讲政治、讲规范、讲纪律、争奉献、争贡献、争一流"的生动局面。全面推进依法治档。规范"双随机一公开"、业务建设评价等检查事项和措施手段，依法依规做好业务指导服务；广泛开展"法律六进"活动，增强全社会档案法治意识。

第二，坚持安全首本，筑牢安全防线。健全档案安全体系。高质量推进档案馆库建设。探索档案馆安全工作科学评价体系建设，研发档案安全综合管理系统和测评系统，推进信创产品的软硬件替代和融合，构建高效的档案防护体系。增强风险管控能力。开展重点档案抢救与保护工作，建立在线离线、冷热存储互为补充的数字资源备份机制，实现馆（室）藏重要档案数字资源异地异质备份，推进数字档案可信存储；建立服务外包安全工作监管机制。强化实战演练。坚持实体安全、网络安全、系统安全、数据安全并重，建立联防联控联动机制，构建人防、物防、技防"三位一体"的综合防控体系。

第三，坚持服务首要，打造特色品牌。打造"连档连心"服务品牌。构建全流程、全链条、全方位服务体系，为石化基地、自贸区、中华药港等重点园区、重大项目提供订单式、精准式档案服务。主动服务乡村振兴战略。加强与农业农村、民政等部门的协作联动，建设市、县（区）、乡镇（街道）、村（社区）四级档案管理网络，推进村级档案规范化建设，为乡村振兴留存具体、鲜活的地方经验。加速档案资源共建共享。全面推进全域数字档案馆创建力度，建成"区域数字档案矩阵"，利用数字赋能城乡档案信息全覆盖，推动档案公共利用服务的均等化、便捷化。与临沂、日照、枣庄、徐州等地实现"异地查档、跨馆出证"。

第四，坚持资源首责，夯实发展根基。抓实新时代新成就国家记忆工程。按照"早介入、早收集、早归档，确保原始性和完整性"的原则，记录好、留存好新时代10年的伟大变革和历史性成就，记录好、留存好新时代"后发先至"的奋斗历史。抓实民生档案资源。建立从出生到死亡的"十大民生档案"进馆清单，实现教育、就业等与人民群众生产生活密切相关事业档案的规范管理。抓实地方特色资源。开展"为好人建档，让德者留芳；为名家建档，让尊者留名；为乡贤建档，让贤者留世"的"三为三让"档案品牌建设，引领全社会见贤思齐、崇尚英雄、争当先锋。

第五，坚持开发首义，彰显档案价值。开展档案资政服务。围绕党和政府中心工作，办好《档案资政》，强化档案鉴往知来、资政襄政功能。创新红色档案教育。深入开展"集聚红色档案资源、打造红色档案馆际联盟、开发红色档案文化、锻造红色档案品牌""四大行动"；系统推进"红色档案开发教育基地"馆际联盟建设，培育一批具有典型示范作用的教育基地。打造红色文化品牌。擦亮"红色先锋讲述红色档案故事"品牌，以第一视角讲述先锋模范红色事迹，以第一资料传承红色基因。深入实施"红色精品编撰""红色兰台"宣讲、"红色记忆传承"三大工程，传承红色基因、弘扬红色精神，为中国式现代化连云港实践作出档案贡献。

四、现代中国特色档案体系的构建

（一）中国特色档案学学术体系的构建

1. 中国特色档案学学术体系构建的背景

中国特色档案学学术体系是指，在中国特色社会主义理论指导下，能够反映档案现象和档案规律，指导中国档案工作实践的，在具有中国特点的综合性档案学学科体系基础上形成，依据中国的原创性、独创性、发展性贡献整合知识体系、理论体系、教学体系、课程体系、师资体系要素，提升档案学学术观点、学术思想、学术命题、学术范畴，并产生一定学术效果的全面性逻辑体系。"随着中国崛起和中国档案学学术发展与变革，中国特色档案学学术体系的构建基础愈加稳固。"①

（1）中国特色档案学学术体系以学科体系为基础，是对学科体系在知识教育和人才培养方面成果的提炼和升华。在具体学术领域，档案保护技术学、科技档案管理学、档案文献编纂学、文书学、中国档案学史、中国档案事业史、电子文件管理等是具有中国特色、体现中国风格和中国气派的代表性领域。新时代以来，在继承和巩固原有建设成果的基础上，中国特色档案学学术的发展在促进人才培养、文化传承、科学研究、社会服务、国际交流、师资建设等方面取得了一系列建设成果。中国特色档案学学术体系建设的主要成果表现为完成了讲好中国故事的时代命题、形成了档案学学术发展的中国方案、实现了档案学学术体系的中国创新、把握了中国特色档案学学术发展学科发展的重要机遇、融入了中国开放发展的有益环境、形成了结构合理与层次清晰的档案学学术体系脉络等方面。

（2）中国特色档案学学术体系构建是学科体系建设的必要条件。中国近代著名教育家蔡元培先生曾对"学术"的内涵作出具有一定影响力和启发性的界定，即"学和术可分为两个名词，学为学理，术为应用。学必借术以应用，术必以学为基础"。中华人民共和国成立后，在党和国家的重视关怀以及社会主义制度保障下，我国档案工作实践中积累的丰富档案工作经验，通过历届教师、实验员、学生撰写、翻译、编纂、刊发的一系列教学讲义、教材、专著、译著、论文、报告等教学科研活动，在国家各级档案机关和国际档案学界的关心和支持下，我国逐步建立了有中国特色的档案学科，全面发展成为由"档案学概论""档案管理学""科技档案管理学""档案文献编纂学""档案保护技术学""文书学""电子文件管理""中国档案事业史""外国档案事业史"等反映中国独特性、原创性、发展性学科贡献、由多门特色科目组合起来的独立学科，构成了日益结合我国实际的完整的崭新的学科体系。现代中国特色档案学学术体系的构建，是进一步构建中国特色档案学学科体系的必要条件。

2. 中国特色档案学学术体系的特点

（1）政治性。中国特色档案学学术体系具有较强的政治性，一方面根源于中国档案学学术体系建设坚持党的领导为核心理念，另一方面是由于档案学学术主要以档案和档案工作为教学和研究对象，档案真实记录了党和国家在社会主义革命和建设、改革开放、建设中国特色社会主义、建设中国特色社会主义历史进程中各种政治事项，档案工作是党直接领导的工作。具体到具体学术领域，中国档案史、科技档案管理学、档案保护技术学等都是为一定的政治统治阶级，在现今语境下，既为中国的工人阶级和人民群众服务，同时，

---

①尹鑫、张斌. 论加快构建中国特色档案学学术体系［J］. 图书情报知识，2021，38（05）：4.

通过发展档案学学术逐步扩大了中国的国际学术影响力，体现了档案学学术体系建设鲜明的政治性。

（2）本土性。中国特色档案学学术体系具有较鲜明的本土性。中国的政治体制、经济体制、文化体制、社会体制决定档案学学术体系本土性。得益于中国政治体制的优越性，档案学学术发展不仅得以具有较高的政治地位与教育价值，也得以具有迅速集中资源开展教育的便利；得益于中国开放包容的经济体制，档案学学术发展得以参与和服务各项经济活动开展，助力新时代社会主义市场经济发展；得益于中国以"坚持中国特色社会主义文化发展道路"为代表的特色文化体制建设思路，档案学学术发展得以进一步发挥自身在呈现、诠释、展示中国文化方面的独特学科优势；得益于中国以民为本的社会体制，档案学学术发展得以深入民众生产生活，通过留存人民集体和个体记忆，增进民生福祉。

具体到中国特色档案学术服务于中国本土档案学理论建设与和档案工作实践层面。在服务于中国本土档案学理论建设层面，特别是我国档案学的基本原理和原则层面，如档案属于国家所有的根本性质、党政档案集中统一管理原则、开放历史档案原则等，都受到我国的政治、经济、社会发展状况的决定和影响。在服务档案工作实践层面，为管理存量不断增多的实体档案以及趋于海量化的档案信息与档案数据，档案学学术通过传承历史经验、吸纳国外学理及实践中的有益成分，并根据中国国情和中国实践予以本土化，不断发展原有学术体系，建立日益健全的新学术体系，并立足本土思维，不断拓展学术体系建设的未来空间。

（3）融合性。中国特色档案学学术体系内部，以及与其他社会科学和自然科学教育具有的密切联系赋予档案学学术体系一定程度的融合性。融合性特征为中国特色档案学学术体系价值的拓展和升华提供了更多的可能性和广阔的未来空间。在内部融合性方面，如融合档案学研究与文书学研究、融合档案管理研究与电子文件管理研究、融合理论研究与工作实践研究等。在外部融合性方面，如融合档案学研究与信息技术研究、融合档案治理研究与法学研究、融合档案记忆研究与国学研究等。融合性使档案学学科得以在丰富学科内涵的同时，打破单一学科视域，不断向内拓深和向外拓展。在新文科建设和交叉学科建设的背景下，档案学的融合性特征日渐突出，成为学术体系发展的动力与支点。

档案学学术体系具有较广的融合性，表现为积极融入学科交叉和交叉学科建设，在不断融合过程中，不仅增强了协同创新的教育生长力，也形成了学术的原始创新动力；不仅借鉴和利用其他学科的研究方法完善自身建设，也不断突破着原有学科学术范式；不仅化解了既有学术壁垒，促进既有学术的融合，也基于融合中发现的新的研究问题，构建起全新的学术体系。

（4）科学性。中国特色档案学学术体系具有较高的科学性，不仅是由于档案本身具有极大的科学价值，也是由于档案学学术需要引导新的学术进步与学术革命、促发师生科学意识的觉醒。同时，科学性使档案学学术具有指导档案实践的能力和水平，档案工作必须具备科学知识、掌握科学方法、具有科学水平，档案学学术以档案和档案工作为科学开展的依据，需要科学的理论和经验。在具体学科领域，中国科技档案管理学教育的创建发展，集中体现了档案学教育对中国科技建设的服务与贡献。

3. 中国特色档案学学术体系的价值

（1）政治价值。中国特色档案学学术体系构建的政治价值主要表现在，学术体系是指中国特色社会主义理论在档案学领域的具体化。现代中国特色档案学学术体系的构建的政治价值在于：

第一，促进民族团结。现代中国特色档案学学术体系的构建具有促进民族团结的重要价值。由于少数民族档案学学术是中国特色档案学学术体系的重要组成部分，具有档案学与民族学交叉融合的特点。随着国家少数民族工作的日益发展，形成了兼具中国特色和民族特点的档案学学术体系，促进少数民族繁荣稳定和少数民族学术融合。

第二，助力新时代治国理政。中国特色档案学术体系的构建具有助力治国理政的重要价值。较为集中表现为通过促进档案治理学术发展，促进依法治档，推进全面依法治国进程。现在我国的档案治理学术研究在全面依法治国总体布局的指引下取得了一系列显著进步，涌现了宫晓东、潘玉民、朱玉媛、陈忠海等为代表的一批档案法学者。我国逐步形成以档案法学为基础，以档案法立法研究新知识体系为依托，以信息法学、人工智能法学、网络法学、大数据法学研究为发展方向的具有中国特色的档案法学体系。在跟踪前沿技术、学习域外经验、开展国际保护、重视公民权利保护、跟进法理及法哲学研究等方面已经取得丰硕的阶段性成果。

第三，有助于弘扬档案学学术文化中的亲民观思想。中国在西周时期即有了"务民"与"贵生"思想，即以民为本。以人民为中心是新发展理念的根本宗旨。

第四，人民群众是档案学学术的主要服务对象。以人民为中心，是中国特色档案学学术在新时代需要秉持的核心发展理念，有利于统筹学术需求与政治需求、群众需求，彰显档案学学术发展的人民性。现代中国特色档案学学术体系的构建有利于秉承以人民为中心的新发展理念，贯彻以人民为中心的根本宗旨。中国档案学术中最早从档案民本视角的学术起点始于中华人民共和国成立后特别是改革开放以来以冯惠玲教授为代表的一批中国当代档案学人的理论耕耘和实践考察。

（2）文化价值。中国特色档案学学术体系构建的文化价值主要表现在，学术体系是文深入理解中国文明的重要依托。中国悠久的档案史提供了历史智慧，档案是中国自古以来社会生活和民族文化交流的重要记录和文化产物。在中国五千年华夏文明基础上，形成中国悠久的档案史。

中国悠久的档案史提供历史智慧，记录和传承了中国悠久历史文化传统，有助于"讲好中国故事"。中国古代档案对世界档案史的贡献主要表现在独特准确的记录时间方法、正副本制度、天文历法档案、档案分类、便于保存利用的史料汇编形式五个方面。

（3）教育价值。

第一，通过卓有成效的档案学高等教育机构体系建设、学位点建设、专业建设、教材建设、教师队伍建设、课程建设、知识建设、教学实验体系建设、国际交流体系建设等，立足中国实践，根据国家经济社会发展变化，围绕政治素质、道德素质、心理素质、管理素质、技术素质、知识结构、能力结构、体能素质等档案学人才培养需求，培养了大批兼具理论素养、实务素养、实验素养，在国家档案事业建设、教育建设、学科建设中担当有为，能够服务于中国特色社会主义建设的合格人才。同时，通过人才培养实现了中国特色档案学学术主体的代际培育，为进一步优化学术结构和实现新的学术开创提供了必要条件。由于学术主体的使命担当，在于发思想之先声，向世界展示"档案学术中的中国"。档案学学术主体的使命在于"探索新问题，建构新理论，引领新学术"。在新时代，构建中国特色档案学学术体系，首先，有助于进一步增进学术主体的"中国"和"特色"意识，培育符合时代和国家需求的档案学学术主体。

第二，有助于优化档案学学术结构。为了回应学术体系建构理念的需求，中国档案学学术体系的建构需要优化学术结构，即优化学术的内部结构及其相互关系，并补充发展所需的结构成分。优化学术结构的核心在于进行系统分析和要素的优化配置。如得益于深厚的民族传统文化根源和长期历史实践基础，中国在世界范围内成为为数不多的将档案文献编纂学列为档案高等专业教育课程、并形成教材与专著的国家之一，为档案学术的发展确立了行动指南。

第三，有助于实现档案学学术功能的新拓展与新开创。档案学学术体系建构的基本功能在于承载与反映档案学术的本质问题。中国档案学学术在发展历程中形成了以"藏史"和"利用"为主要目的的学术创造。促进对新的社会问题的捕捉和发现，形成对档案科学理论的新贡献。

（4）产业价值。现代中国特色档案学学术体系的构建具有促进中国档案学融入新一轮产业和科技革命，促进中国档案学融入数字社会和智能社会的重要价值。中国特色档案学学术体系的早期产业价值较为集中体现于中国科技档案管理学的创建和发展。

随着新兴信息环境由互联网+时代、大数据时代、区块链时代、人工智能时代发展到量子科技时代，中国的电子文件研究、标准化研究、档案信息化研究、数字记忆与数字人文研究取得了一系列突破性研究成果，推进了中国特色档案学术的创新性发展。

（5）国际价值。积极引入和本土化适用国际档案学术界的前沿成果、参与国际档案理事会等国际档案学组织事务，服务国际档案学术建设。如积极引入和丰富发展代表国际档案学未来重要发展方向的数字人文研究和教育，并逐步建立具有中国特色的数字人文研究和实践模式；又如积极学习代表国际档案学与计算科学交叉融合前沿的计算档案学，并开始探索立足中国本土的计算档案学研究和实践模式。

4. 现代中国特色档案学学术体系的未来建设

统筹兼顾好传承中国现有档案学术精髓与探索构建中国特色新档案学术体系，是进一步彰显中国特色档案学术体系重要价值的"理论逻辑"。现代中国特色档案学学术体系的未来建设，需要扎根中国大地，进一步提炼档案学学术体系中的中国元素；着眼特色发展，进一步发掘档案学学术体系中的特色元素；紧扣治理需求，进一步平衡档案学学术体系发展的自主性与规范性；运用科技引擎，进一步服务国家档案科技进步的主阵地；面向多元未来，进一步开发档案学学科体系建设的广阔空间；放眼国际社会，回应中国特色档案学的时代之问与世界之问。

（1）需要传承和阐释好中国现有档案学学术精髓。理解好中国档案学学术文明、讲好中国档案学学术故事、凝聚好中国档案学学术力量、培育和传扬好档案与情感、弘扬好中国档案学学术精神、传播好中国档案学学术声音六个方面下功夫。

（2）现代中国特色档案学学术体系建构的"现实逻辑"和"战略选择"决定需要探索构建中国特色新档案学术体系。在新的历史起点上，中国特色档案学学术体系重要价值的彰显，需要培养一批更能代表中国立场、彰显中国价值、发出中国声音的学术主体，形成对以服务对象为代表的学术客体的强大吸引力，在激烈的国际竞争中的强大竞争力。

第一，进一步加强中国档案学学术的政治话语建设，注重政治因素的引导和分析，以确保我们的档案资料和研究成果在国家政策和战略中发挥更大的作用。这也包括对国家重要事件和政治领导人的档案的深入研究，以推动中国档案学在政治领域的发展。如加强红色档案学术建设、加强爱国档案学术建设、加强民族档案学术建设。

第二，可以构建中国道路的档案学学术自觉。在这个信息爆炸的时代，档案学成为记录、保管和传承文化遗产的重要工具。中国有着悠久的历史和丰富的文化传统，而中国特色道路则是中国改革开放以来的重要成就之一。通过建立中国特色道路的档案学学术自觉，我们可以更好地记录和研究中国特色道路的发展历程、政策演变以及社会影响。这些档案不仅有助于后人了解中国改革开放的历史，还可以为今后政策制定和决策提供有力的参考依据。

第三，可以构建中国风格的档案学学术自知，准确把握中国档案学学术发展所处的历史方位。档案学作为一门重要的文化学科，在中国有着悠久的历史和深厚的传统。为了更好地适应当代社会的需求，中国档案学需要不断发展和演进。通过构建中国风格的档案学学术自知，我们可以更好地理解中国档案学的独特性和历史地位。中国档案学拥有自己的发展轨迹、理论体系和实践经验，这些都是宝贵的财富，有助于中国档案学在国际舞台上展现自信和自主性。此外，档案学学术自知还可以帮助我们更好地应对时代变化和技术进步对档案学的挑战。随着信息化技术的发展，档案管理和保存方式也发生了巨大变化。中国档案学需要紧跟时代步伐，借鉴国际经验，同时注重本土特色，以更好地满足国内需求。

第四，可以构建中国气派的档案学学术自信。增加中国档案学术的影响力。在全球化的时代，档案学不再仅仅是国内领域，它在国际舞台上也扮演着越来越重要的角色。构建中国气派的档案学学术自信是确保中国档案学在国际上获得更多认可和影响力的关键一步。中国拥有丰富的档案资源和独特的档案管理经验，这些都是宝贵的财富。通过加强国际合作、举办国际会议和出版国际期刊，中国档案学可以分享自身的成功经验，同时学习和借鉴国际上的最佳实践。此外，构建中国气派的档案学学术自信还需要培养具有国际视野的档案学者和专业人才。这些人才可以在国际上代表中国档案学，参与国际档案学界的学术讨论和合作，从而提升中国档案学的国际地位。

第五，可以构建直面中国问题的档案学学术自省。问题是学术研究的起点。每个学术时代都必须发现、直面学术问题，进而提出匡正之道。在传承深厚档案文化，新兴载体档案的长期保存、吸纳社会大众参与、推动研究的科学化进程等方面还有较多尚待攻克的研究问题。可以通过在档案学学术领域贯彻坚持问题导向，从问题导向出发，通过有效的学术自省反向形成学术进步的推动力，进一步发挥学术体系构建的理论效能、历史效能、实践效能。

（二）中国特色档案学话语体系的构建

1. 中国特色档案学话语体系的构建意义

中国特色档案学话语体系是指围绕档案学所形成的能够解释档案现象和档案规律，体现中国道路、理论、制度、文化，并囊括中国档案学思想体系、知识体系、理论体系、方法体系、学科体系、学术体系的一套档案学话语及表达系统。中国特色图情档学科三大体系构建是一个国家综合国力和国际竞争力的重要体现。中国特色哲学社会科学作为中华民族思维能力、精神品格、文明素质的综合反映，肩负着建立中国特色哲学社会科学学科体系、学术体系、话语体系，建构中国自主的知识体系，为中国特色社会主义现代化强国建设和中华民族伟大复兴提供坚实的学理支撑，为推动构建人类命运共同体贡献中国智慧的重大使命。中国要实现这重大使命，就必须从哲学社会科学体系的每一个具体学科发力。

中国特色档案学就是这个体系中的重要代表学科。

构建中国特色档案学话语体系，意味着中国档案学界要从更为理性的视角出发，自觉和自主地密切关注和科学审视中外档案学话语生态、话语内容、话语结构、话语表达、话语实践、话语差异，比较和反思中国档案学话语的形成、变化、发展的历史、规律及其特点，并在此基础上坚持"以我为主"，聚焦中国特色、中国风格、中国气派，增强话语自信，推动话语传播，走向话语自强，最终实现话语影响力的提升。这个过程及其结果不仅对加快实现中国特色哲学社会科学战略任务具有促进作用，而且对更好地向世界展示中国特色档案学思想和中国档案事业发展道路模式，以及推动中国档案学自主的知识体系构建具有重要意义。

2. 中国特色档案学话语体系构建的时代使命

中国正处于建设现代化强国，迫切需要通过构建与新时代契合的哲学社会科学话语体系，在学理上、逻辑上、实践上创新和丰富中国故事的新表述，提升中国哲学社会科学话语的影响力。加强中国话语和中国叙事体系建设，提升话语体系创新能力，推进学术话语的大众传播，强化中国话语的国际传播，构建融通中外开放自信的话语体系。

（1）阐释中国档案事业的发展道路与发展模式。从中国档案学话语体系的演进轨迹来看，中国特色档案学话语体系形成于和服务于中国档案事业建设与发展，是其具有鲜活生命力和强大解释力的重要体现和根本保证。

构建中国特色档案学话语体系就是要用简明生动的话语深刻总结和阐释中国档案事业发展的历史、理念、道路、模式，向国内外深刻展现中国档案事业的强大生命力和对世界档案事业的重要贡献。中华人民共和国成立以来，中国档案事业在探索发展中形成具有中国特色的发展道路，包括坚持中国特色社会主义道路的根本方向、坚持面向现代化发展的基本目标、坚持开放共享与服务发展的明确定位、坚持创新驱动与包容发展的建设路径等，并经历了由国家模式向社会模式的转变、由政府主导向社会协同的转变、由被动作为向主动变革的转变，形成政策与行政主导模式、教育与研究驱动模式、实践与技术倒逼模式、经济与社会培育模式等发展模式。中国档案事业同西方国家的档案事业发展各有特色，中国档案事业发展的这些基本认识是日积月累中形成的，是推动中国档案事业从小到大和从弱到强的关键，迫切需要运用中国档案话语加强对其进一步阐释，展示中国档案事业为保护人类文化遗产、守护中华文明、保存社会记忆的积极贡献，讲好中国档案事业发展的故事，发挥中国档案事业发展道路与模式在国际档案事业的示范性、引领性效应。

（2）构建融通中外开放自信的档案学话语体系。中国特色档案学话语体系构建是一种有意识、有目的的主观行为，从其基本意图及影响范围来看，唯有真正实现融通中外和具备开放自信能力的档案学话语体系，才能真正保持未来中国特色档案学在国际舞台持久的影响力。当然，构建中国特色档案学话语体系是要在坚定中国档案学科自信和学术自信的前提下，适当兼顾和合理吸收中外档案学知识体系，建立既能够充分体现中国档案学特点，又能够在一定程度上有效覆盖和描绘国外档案学发展的表达系统。

中国特色档案学话语体系构建要发挥影响力，就需要处理好中国档案学和外国档案学两种表达系统的关系，要协调好中外档案学话语因为其文化背景、意识形态、档案学研究和档案工作实践等差异造成的对内的"向心力"与对外的"离心力"，以开放包容的姿态兼收并蓄，积极关注和研究反映中外档案学话语的共同点与利益交汇点，使中外档案学话语体系更好地相融相通，努力使中国特色档案学话语体系成为中国影响国际档案界和国际档案界观察和解码中国档案事业的"钥匙"。

（3）提升中国档案学话语的创新能力。新时代呼唤能够体现兼顾中国"硬实力"和"软实力"的话语体系，作为一门成熟的学科，档案学必须构建起与时代发展相适应的、成体系的新的学科理论和概念，这在客观上要求中国特色档案学话语体系必须提升创新能力，即既要加强对既往中国档案实践经验的抽象概括，又要加强对现有档案现象的观察与总结，同时加强对未来档案事业发展趋势的分析和预测，使其更好地反映、表达当代中国的档案学发展和档案工作变革，并提出具有主体性、原创性的理论观点，继而形成一系列具有专业性、系统性的档案术语、概念、范畴、命题来揭示客观档案与档案现象的本质和规律，并为学界所接受、为人们所知晓。

（4）推进中国档案学话语的大众传播。话语是增强理解与认同的基本工具和社会载体，构建中国特色档案学话语体系，不仅要实现该话语在学术领域的精进，而且要推动该话语面向大众的传播，继而形成社会共识和认识基础，实现档案学话语对理性与感性的兼顾，这是确保处于不断发展之中的中国档案学话语体系具有普适性、解释力、生命力、影响力的关键。中国特色档案学是一门兼具理论性与应用性的学科，主要依托中国档案实践实现自我建设与发展，其话语不仅包括官方话语、学术话语，而且包括大众话语和网络话语，这就决定中国档案学话语构建必须扎根实践和服务实践，并积极宣传，推进大众传播，获得社会的认同和档案实践的检验。推进话语大众传播亦是中国特色档案学话语体系构建的重要任务，不仅能够有效吸纳大众话语，而且能够突出中国特色档案学话语传播内容的通俗性和贴近性，为话语权的扩大积累社会思想与认识基础。

（5）强化中国档案学话语的国际传播。推进档案学话语的国际传播是构建中国档案学话语体系的重要任务，更是提升中国档案学国际影响力的必然选择。当前，随着经济实力和国际地位的提高，我国越来越成为世界关注的焦点，国际社会在获得对中国更多了解和认可。作为全球档案工作实践最为丰富和最具活力的国家之一，这种生动的档案实践必然要在理论上有所概括和反映，并理应在国际档案界得到更为持久的关注与讨论。中国特色档案学话语体系的构建亟须关注国际档案学话语体系中信息流动的"逆差"，借助国际学术交流平台和网络媒介，充分表达和反映中国特色档案学的发展和中国档案事业的伟大实践，提出具有主体性、原创性的观点，构建具有自身特质的话语体系，形成自己的特色和优势，发出中国声音。

3. 中国特色档案学话语体系构建的逻辑

中国特色档案学话语体系的构建是实现学科自主、学科自信和学科自强的重要内容，这种自主、自信、自强不仅来源于话语体系建构自主性的诉求，以及厚重的档案学科历史与学术传统，而且来源于其对客观存在的档案与档案现象的包容性和解释力，这就需要人们在话语体系构建的过程中，立足国内外档案学研究与档案工作实践，坚持"以我为主"，实现本土档案学话语与国际档案学话语的对接、档案学学术研究与档案学实践探索的融合、档案学传承与档案学话语创新的统一、档案学的内向性发展与外向性拓展的协调。

（1）本土化与国际性相统一。中国特色档案学话语体系构建的本土化，要求话语体系构建主体必须聚焦立足中国实践，聚焦中国问题，从中国档案学建设与发展的现实境况和需求出发，科学总结中国档案工作发展的道路与模式，阐释中国档案现象和档案规律，提出能够有效解释中国本土理论与实践的、自主的档案学知识体系，以此准确、生动地讲好中国档案学的故事，增强我国档案学话语的主体性、原创性、本土化和竞争力。中国特色档案学话语体系构建的国际性，要求要在话语体系本土化的基础上，以我为主，兼收并蓄，从话语的概念、内涵、理论、表达等层面增强对域外档案学覆盖性，追求本土话语在不同时空情境下共同性或通约性，扩大话语的影响力。话语作为时代的产物，任何一门学科的发展与突破，都一定伴随着术语和概念的突破。基于此，中国特色档案学话语体系的构建理应处理好本土化与国际性的关系，积极构建既体现本土特色，又有国际通用性的话语体系。

（2）学术性与实践性相统一。中国特色档案学话语体系构建的学术性主要体现为人们以既有知识和经验为基础，通过对档案事务和档案现象的观察、归纳，将其加以专业化、体系化、范畴化的总结与阐释，最终抽象成关于反映某一档案现象、事物的专业术语，并被学界和行业所认同和采用。中国特色档案学话语体系构建的实践性主要体现为档案学话语形成并服务于档案实践，其贴近实际、贴近生活、贴近群众，由此形成的档案学话语对档案学研究和档案实践具有重要的引导性和约束性。从档案学史来看，中国档案学话语的形成和理论的发展与我国档案实践息息相关，因为档案实践蕴藏着极为丰富的档案学理论与知识，孕育着大量极富中国元素的档案话语集合，其无疑是孕育档案学话语的一方沃土，通过对档案实践的凝练，有助于对档案实践工作的方向与路线、方式与方法形成具有现实导向意义的理论依据和实践指南，从而以此推动档案实践工作的良性发展。因此，亟须坚持学术性与实践性相统一，推进档案学话语在学术高度、深度、广度和实践应用上的价值提升。

（3）传承性与创新性相统一。传承是发展的前提，中国特色档案学话语体系构建的传承性，意味着新时代档案学话语体系构建要在充分尊重和继承既有知识体系的前提下，按照现代社会科学的方法，实现对大量鸿篇巨制的中国古代档案工作和传统档案学的发掘、分析与提炼，并通过概念化和体系化的表达实现创造性转化、创新性发展，赋予其全新的现代学术性，让其更好地服务于当下。中国特色档案话语体系构建的创新性，要求聚焦国内外档案学和档案工作的生动实践，坚守话语体系构建的自主性与原创力，总结出有学理性的档案学理论，提炼出具有标识性的档案学概念，贡献中国智慧与方案。鉴于此，如何处理好传承与创新的关系便成为中国特色档案学话语体系构建实现守正出新的关键。

（4）内向性与外向性相统一。就中国特色档案学话语体系构建而言，内向性是指档案学聚焦于自身的纵深发展，在已经相对稳定的学科范畴内关注学科内涵建设，不断丰富和细化研究内容与基本概念，挖掘学科潜力，拓展基础理论，以此建立起与之匹配的话语体系；外向性是指档案学聚焦于自身横向发展，将档案学放在一个更大的社会环境中加以思考，面向社会和服务社会，关注未知领域，开展与其他学科的交叉融合，跨出学科认知围栏，推动档案学源源不断地形成新的研究领域、研究对象、研究术语、研究概念等，由外及内建立起中国特色档案学的话语体系。

从时下中国档案学话语构成来看，内向性与外向性已经成为中国特色档案学话语体系构建的基本经验，相互作用动态构建着学科的外部边界和内部结构。这个过程不仅是学科建设发展的过程，更是话语体系积极构建的过程。为此，亟须在话语体系构建过程中，平衡好内向性与外向性问题，打造相应的档案学话语和知识图景。

4.中国特色档案学话语体系构建的实现路径

中国特色档案学话语体系构建迫切需要以中国为观照、以时代为观照，立足中国实际，解决中国问题，围绕话语体系构建的直接相关要素，从大处布局、从小处着手、从外围发力、从内部优化，不断丰富、充实中国特色档案学话语体系内容，提升中国特色档案学话语体系构建能力，扩大中国特色档案学话语体系影响。

（1）强化学科体系和学术体系的支撑。

第一，进一步强化学科体系，优化学科结构，为档案学话语体系的形成与发展夯实根基。要立足档案学学科发展的内在规律和数字环境下档案学科建设的现实需求，打造包括主干学科、分支学科、优势学科、交叉学科、新兴学科等相互补充、相互依托、相互支撑的档案学学科框架，并在此基础上形成能够充分体现中国传统、中国历史、中国文化、中国实践、中国智慧的档案学话语表达方式。

第二，进一步优化学术体系，规范研究体系，为档案学话语体系的丰富提供动力和源泉。档案学学术体系对学科体系、话语体系具有承上启下的作用，亟须以档案和档案现象为研究对象，建立起能够融通中外的档案学研究方法和基础理论，提出能够观照中国、观照时代的档案学思想和理论，建立起能够体现中华民族五千年优秀传统文化的档案学思想体系，围绕档案实践提出彰显中国之路、中国之治、中国之理的原创性方法、思想、知识、理论、模式，确保档案学话语构建之路行稳致远。

（2）立足中国实际打造中国档案学派。构建中国特色档案学话语体系，亦应立足中国实际，打造中国档案学派，充分发挥档案学派对于档案学话语构建的促进作用。打造中国档案学派，推动话语体系构建与创新，必须发挥高校作为构建中国特色哲学社会科学方面生力军的巨大优势，以研究中国问题为出发点，结合中国档案实践现状与中国档案学发展诉求，团结和形成一批方向明、主义真、学问高、德行正，自觉以回答中国之问、世界之问、人民之问、时代之问为学术己任的档案学研究队伍，潜心进行理论体系和研究内容的拓展，解决档案实践的痛点、难点与盲点，构建充分体现中国特色，具有时代性和原创性、继承性与民族性、系统性与专业性的档案学理论和思想，推动档案学知识的交叉与融合、继承与发展。

（3）扎根中国大地建构自主知识体系。加快构建中国特色哲学社会科学，归根结底是建构中国自主的知识体系，我们的哲学社会科学有没有中国特色，归根到底要看有没有主体性、原创性。

第一，扎根中国大地构建中国档案理论。即要以中国实际和需要为首要考量，开展中国特色社会主义建设所需要的档案学理论研究，发挥中国学者在解读中国档案实践、构建中国档案理论上的主场发言权优势，形成自己的思想体系和理论体系。

第二，坚定档案学话语体系构建的自觉和自信，加强档案学溯源研究。中国档案学拥有世界上任何国家都无法与之比较的厚重文化与历史优势，可以充分挖掘数千年优秀传统历史文化中的档案基因，阐释中国档案学与中国优秀传统历史文化的继承、延续关系，强调档案学科内在的历史文化精神，进一步加强对中国档案学的民族特色、文化特色、历史特色、学科特色的阐释、概括、总结与传播，丰富档案话语和档案知识。

第三，立足丰富鲜活的中国档案实践贡献中国知识。档案学科发展的历史表明，只有适应档案事业建设实践的需要而不断创造性地发展的理论才是有生命力的，为此，亟须围绕文化自信、数字转型、学科交叉等，提出有可能成为理论创新、思想创新、方法创新、知识创新的元问题或理论观点，并给出中国方案、贡献中国智慧。

（4）面向"两个大局"推进理论创新。当代中国正经历着我国历史上最为广泛而深刻的社会变革，正在进行人类历史上最为宏大而独特的实践创新。

第一，发挥哲学社会科学工作者主观能动性，以中国档案事业高质量发展、转型发展、创新发展为指导，围绕其中的重大问题开展社会调查研究，做到发现真问题、提出真对策，凝练好理论，作出真贡献。

第二，围绕当代中国正在经历人类历史上最为宏大而独特的实践创新，从档案学视角回答好其中有关亟待学界回答的理论和实践课题，服务党和国家重大战略落地，如加强档案与中华文明形态、数字中国、乡村振兴、重大活动的研究等。

第三，围绕当今世界百年未有之大变局所提出的档案学理论和实践课题，要加强预测性、探索性研究，如围绕电子文件单轨制与长期保存、数字档案资源开放共享、数字连续性、数字档案馆等数字时代的档案学理论研究，解决世界所面临的共性难题，提出能够兼顾中国之需与世界之需、兼顾人民之需与时代之需的真理论、好思想、大成果，为实现新时代中华民族伟大复兴加强中国档案学理论储备。

第四，围绕人民在追求美好生活过程中不断出现的新需要新要求，立足档案工作"四个体系"的问题与需要，加强档案学基础理论和应用理论研究，为档案工作实践提供理论指导，提高档案学学科体系和学术体系的生命力。

（5）以时代为观照融通中外话语表达。话语体系构建的根本意义之一在于如何进行话语表达，构建中国特色档案学话语体系的目的，既出自中国的内生需要，也源于世界的外在关注，不仅要服务于中国档案研究与实践，而且要服务于国际社会档案理论研究和档案事业发展。这就要求兼顾好本土化与国际性，以时代为关照融通中外话语表达，让中国档案学话语体系具有世界意义。

第一，从中国档案学话语的叙事逻辑层面来看，要从构建人类命运共同体出发，从档案事业发展的规律出发，从国际档案界面对的共同难题出发，凝练融通中外的档案学概念和表述，努力构建具有共同价值基础和能被广泛接受的叙事逻辑。

第二，从中国档案学话语的叙事文本层面来看，要"把中国放进世界格局中审视、研究、解读"，厚植档案学术话语的理论根基，系统梳理具有中国特色和世界意义的档案学优秀学术成果与理论贡献，呈现中国档案学的文化与历史基因，阐释中国档案学对于国际档案社会的原创性贡献，并组织专业力量将其翻译成不同语言的版本加以推广，让全世界都能接触到。

第三，从中国档案学话语的叙事技巧层面来看，善于根据档案话语表达的社会背景、国际惯例、目标受众、地域和场景，选择适当的语言策略，向国际社会传播中国档案好声音。

参考文献

[1] 毕然、严梓侃、谭小勤. 信息化时代企业档案管理创新性研究 [M]. 北京：新华出版社，2022.

[2] 曹彦敏. 文书档案信息化建设"三步走"[J]. 中国核工业，2011，(08)：58-59.

[3] 单永新. 论档案管理基础工作在现代档案管理中的作用 [J]. 黑龙江档案，2020，(04)：88-89.

[4] 丁海斌、刘卉芳. 中国近现代档案管理机构发展演变研究 [J]. 北京档案，2021，(12)：9-13.

[5] 董煜、吴红霞. 会计信息化 [M]. 天津：天津科学技术出版社，2020.

[6] 范颖. 浅谈如何做好干部人事档案信息化建设 [J]. 黑龙江档案，2023，(03)：100-102.

[7] 高玉宝. 档案管理与个人信息保护的平衡研究 [J]. 档案与建设，2023，(04)：33-37.

[8] 郭美芳、王泽蓓、孙川. 档案信息化建设与管理 [M]. 长春：吉林人民出版社，2021.

[9] 韩清衍. 档案信息化建设相关问题的探讨 [J]. 办公室业务，2016，(13)：47.

[10] 胡雪梅. 论现代档案事业的社会化特征 [J]. 内蒙古电大学刊，2006，(02)：43-44.

[11] 黄亚军、韩国峰、韩玉红. 现代档案信息化管理与建设研究 [M]. 长春：吉林人民出版社，2021.

[12] 蒋卫荣、刘言. 中国档案事业史的内容主体、边界及其他 [J]. 档案与建设，2023，(02)：20-26.

[13] 李爱华. 近20年我国高校档案信息化内容建设研究综述 [J]. 档案管理，2020，(03)：86-87.

［14］梁汉冬. 文书档案管理信息化建设利用率与安全保护研究［J］. 文化产业，2023，
　　　（01）：10-12.

［15］柳鹄. 试论档案管理的保密原则与应用［J］. 办公室业务，2013，（01）：57.

［16］栾爱芳. 浅谈档案管理基础工作在现代档案管理中的作用［J］. 中外企业家，2020，
　　　（03）：133.

［17］马强. 人事档案信息化建设研究［J］. 兰台世界，2023，（05）：69-71.

［18］马仁杰、李银银. 新形势下学生档案管理的若干思考［J］. 中国档案，2023，（07）：
　　　44-45.

［19］马芸霞. 会计档案的信息化管理［J］. 机电兵船档案，2022，（03）：83-85.

［20］毛英女. 档案管理基础工作在现代档案管理中的重要作用［J］. 今日财富，2018，
　　　（15）：194.

［21］孟磊. 我国档案信息化建设地方立法优化路径研究——基于89部省级档案法规规章
　　　的实证分析［J］. 浙江档案，2023，（04）：30-33.

［22］倪云. 信息化建设在文书档案管理中的应用［J］. 明日风尚，2017，（17）：109.

［23］潘美恩、廖思兰、黄洁梅. 医院档案管理与实务［M］. 长春：吉林科学技术出版
　　　社，2022.

［24］饶美霞. 会计档案信息化管理建设研究［J］. 时代经贸，2020，（11）：28-29.

［25］邵冰. 档案信息化建设视角下文书档案管理的必要性及突破［J］. 信息记录材料，
　　　2019，20（09）：58-59.

［26］史东萍. 医院开展档案信息化管理的途径思考［J］. 档案管理，2021，（02）：89-90.

［27］宋小晓. 档案管理关键点管控模式助力企业发展［J］. 中国档案，2023，（03）：56-57.

［28］王丹. 古代简牍档案管理新探［J］. 档案管理，2023，（03）：48-49+53.

［29］王洪祥. 电子档案归档工作及档案信息化建设探讨［J］. 黑龙江档案，2022，（06）：
　　　151-153.

［30］王若熙. 文书档案管理信息化建设初探［J］. 信息记录材料，2019，20（12）：62-63.

［31］文玉花、郭斐. 高校档案信息化建设策略研究［J］. 德州学院学报，2022，38
　　　（05）：91.

［32］吴绪梅. 浅谈会计档案信息化建设［J］. 黑龙江档案，2013，（02）：137.

[33] 辛昆. 论现代档案事业的三大特征［J］. 佳木斯大学社会科学学报，2006，（01）：175-177.

[34] 徐世荣. 档案信息化建设与管理创新研究［M］. 长春：吉林文史出版社，2021.

[35] 许建智、王艳艳. 新时期档案信息化建设的几点思考［J］. 档案与建设，2020，（10）：50-52+60.

[36] 许秀. 高校档案管理与信息化建设研究［M］. 哈尔滨：哈尔滨工业大学出版社，2019.

[37] 杨敏. 广东省高质量推动档案信息化建设［J］. 中国档案，2023，（08）：17.

[38] 姚雄永. 流动人员人事档案管理信息化建设探究［J］. 商业文化，2021，（31）：75-76.

[39] 姚艳丽. 浅析现代信息技术在档案信息化建设中的作用［J］. 经济研究导刊，2016，（26）：123-124.

[40] 尹鑫、张斌. 论加快构建中国特色档案学学术体系［J］. 图书情报知识，2021，38（05）：4.

[41] 赵嘉庆、张明福. 档案管理［M］. 北京：档案出版社，1991.

[42] 赵娜，韩建春，宗黎黎，等. 信息化时代的档案管理精要［M］. 天津：天津科学技术出版社，2018.

[43] 赵雪冰. 浅析档案管理的发展及档案现行保护标准现状［J］. 侨园，2019，（11）：189-190.

[44] 赵云云. 新时期人事档案信息化建设与档案管理浅议［J］. 河北水利，2023，（05）：35.

[45] 郑利达. 新时期企业档案管理与创新初探［M］. 长春：吉林人民出版社，2017.

[46] 周杰、李笃、张淼. 文书工作与档案管理［M］. 延吉：延边大学出版社，2021.

[47] 朱明黎. 会计档案管理信息化的实践研究［J］. 商场现代化，2014，（29）：238.

[48] 朱晓燕. 档案事业发展与国民经济和社会发展水平相适应的调查分析与对策［J］. 档案管理，2022，（06）：105.